MANGEZ

à volonté

MAIGRISSEZ

sans problème

PIERRE MILOT

MANGEZ
à volonté
MAIGRISSEZ
sans problème

par les
COMBINAISONS
ALIMENTAIRES

Editions de Mortagne

Édition:
Les Éditions de Mortagne
171, boul. de Mortagne
Boucherville, (Québec)
J4B 6G4

Distribution:
Tél.: (514) 641-2387

Dépôt légal:
Bibliothèque nationale du Canada
Bibliothèque nationale du Québec
1er trimestre 1988

ISBN: 2-89074-255-5

1 2 3 4 5 -88- 92 91 90 89 88

Imprimé au Canada

À ma merveilleuse épouse Louise
avec amour.

La grande peur des biens pansus...

Trois grandes peurs conditionnent la conduite des hommes: la peur de "manquer", la peur du *qu'en dira-t-on* et la peur de mourir. Un certain assoupissement spirituel empêche l'homme de penser à la mort comme il le faudrait. On se préserve tant bien que mal du *qu'en dira-t-on* par le mensonge et le déguisement. Mais la peur de "manquer" terrorise littéralement. Gavé, bourré à mort, éreinté par des labeurs digestifs insensés, ses canaux bouchés au point qu'aucune vie n'y peut circuler librement, notre civilisé suralimenté — véritable poubelle vivante — tremble encore de "manquer", de se voir affaibli, d'être sous-alimenté, de pâtir gravement. La plus laide des frousses est sans doute celle-là, et c'est la plus tenace. Quelle faiblesse!

Nil Hahoutoff (1)

---

(1) Shelton, H. Herbert, Les combinaisons alimentaires et votre santé, (Paris: Éd. de la Nouvelle Hygiène, 1969), p. 117.

TABLE DES MATIÈRES

INTRODUCTION

Maigrir! Maigrir à tout prix et facilement surtout, voilà une tendance qui semble bien à la mode de nos jours. Il suffit pour s'en rendre compte de feuilleter n'importe quel journal ou magazine. Des pages entières y sont consacrées à la publicité des régimes amaigrissants. C'est la guerre des produits miracles. Chanteurs, comédiens et même lutteurs multiplient leurs efforts pour vanter l'efficacité de leur cure de jus de fruits ou les bienfaits de combinaisons d'herbes spéciales. "Maigrissez en dormant" disent les uns, "Perdez les livres que vous avez en trop sans régime ni exercices" assurent les autres, "Perdez l'appétit grâce à nos coupe-faim miracles", etc.

Tout devient facile, trop facile même. C'est tout juste si on ne peut pas commander une musculature herculéenne par correspondance. Il serait même possible aujourd'hui, nous dit-on, d'obtenir tous les bénéfices de l'exercice physique en restant couché sur une table avec des électrodes dans les fesses! Les salons de bronzage qui poussent comme des champignons assurent à leurs clients un "tan" de Floride sans avoir à mettre le nez dehors, et certaines compagnies laissent sous-entendre qu'en ingurgitant leurs vitamines en quantités industrielles, tous nos "bobos" seront guéris.

Tout est axé sur l'apparence sans aucun souci pour la santé; tant qu'on n'est pas malade, il n'y a pas de problèmes et pour "plus tard", et bien on verra! Pourtant, ce "plus tard" vient toujours trop vite et c'est alors qu'on s'en mord les doigts. "Facile et rapide", voilà ce qui compte dans les méthodes utilisées pour en arriver à ses fins. À voir la vitesse à laquelle se multiplient ces commerces, il est difficile de ne pas penser à l'argent investi dans ces instituts par des gens souvent désespérés, en quête de "miracles", ou tout simplement trop pressés pour faire les choses de la vraie et bonne façon. Tout est dirigé vers la productivité et le profit.

Pensez donc, même les membres de notre gouvernement veulent essayer de nous faire croire qu'en irradiant nos aliments, cela va les débarrasser des "méchantes" bactéries qui nous rendent malades. La nourriture, disent nos représentants gouvernementaux, pourra se conserver plus longtemps et ceci permettra ainsi de nourrir une plus grande quantité de gens. Au sujet des rayons gamma qui sont censés accomplir cette tâche glorieuse, on nous dit qu'ils ne sont pas plus dangereux, pour l'organisme, que ne le sont les rayons X. On sait toutefois très bien qu'il est recommandé de ne pas s'exposer plus de trois fois par an aux rayons X et que les techniciens de laboratoire qui les manipulent doivent se munir de tabliers protecteurs pour se préserver des ondes nocives à long terme. Alors que penser de nos pauvres petits pois, de nos carottes et de nos fraises bien "conservés" et chargés à bloc de rayons gamma, dont les effets sont encore plus que douteux? Faites vous-même la déduction...

Il ne faut pas se surprendre d'avoir des malaises quand on regarde sérieusement la façon dont on vit. Toujours la course entre deux rendez-vous, les dîners dans les restaurants "fast food" où l'on engouffre pizzas, hot dogs, hamburgers "all-dressed", frites graisseuses, "sundaes", boissons gazeuses, etc., en prenant à peine le temps de mâcher. Les tensions et le stress vécus tous les jours au travail. Ce travail effectué la majeure partie du temps dans des édifices modernes dont les fenêtres ne s'ouvrent même pas pour permettre à l'air de se renouveler. De toute façon, même si ces fenêtres s'ouvraient, ça ne serait que pour donner accès à une bonne bouffée de monoxyde de carbone généré par les automobiles prises dans la circulation de la rue quelques étages plus bas.

Les grèves de toutes sortes qui n'en finissent plus, les hausses de taxes, les impôts, les guerres, les scandales politiques et religieux viennent, s'ajouter à nos frustrations qui nous maintiennent déjà au seuil de la tolérance et, vlan! C'est la débandade, tout s'écroule, la dépression et la maladie s'installent. Rien ne va plus, notre organisme complètement dégoûté de tous les abus qu'on lui a fait subir, refuse obstinément d'aller plus loin.

L'anxiété grimpe d'autant plus quand on songe aux risques que l'on court d'aller s'entasser dans les couloirs d'un hôpital surpeuplé et désordonné, qui est, en plus, dirigé par des personnes souffrant elles-mêmes souvent de "burnout" et d'épuisement.

On essaie tout pour se rétablir: les pilules, les médicaments de toutes sortes, la gamme complète des thérapies y passe et toujours, rien n'y fait. Puis un jour, en désespoir de cause et n'en pouvant plus, une lumière s'allume et une vérité se fait jour: on devra se prendre en main, sinon... À partir de là, motivé par le désir de vaincre la maladie et la douleur, n'ayant plus rien à perdre, on cherche, on s'informe, on lit des revues et des livres sur les approches de la santé, on prend des cours, etc. Mais le cheminement peut être long et pénible. La remise en état d'un organisme affaibli et malade nécessite du temps, des efforts et de la patience. Pour y arriver, on devra changer des tas de choses y compris sa façon de penser, de manger, son travail peut-être, qui sait? Une chose est certaine, on devra changer toutes les habitudes qui nous ont amené là où nous sommes, sinon tout risque de recommencer.

Triste portrait, direz-vous! Et vous avez raison. Pourtant ce qui est triste c'est que ce qui a été décrit plus haut reflète assez bien notre mode de vie moderne. Des affirmations telles que: "Mon médecin m'a dit d'arrêter de fumer et de me mettre au régime sinon je ferais mieux de m'acheter une pelle et de commencer à creuser ma tombe", on en entend et on en entendra encore souvent.

Mais pourquoi attendre que le pire arrive? Pourquoi ne pas commencer maintenant à effectuer le changement, le faire en douceur et apprendre à mieux jouir de la vie.

Lorsqu'il a été question d'écrire ce livre, c'est peut-être le désir de ne plus entendre les gens répéter ces choses qui nous a le plus motivé; le désir d'aider, en communiquant nos expériences à ceux qui veulent bien nous écouter. Car le portrait qui a été décrit, nous le connaissons très bien pour l'avoir cotoyé de près. C'est seulement après deux ulcères d'estomac, des indigestions continuelles, de nombreuses crises de foie, de la fatigue incessante, des étourdissements, des ballonnements d'estomac et des régimes multiples que l'auteur de ces lignes a finalement décidé de changer de voie et d'opter pour celle qui est décrite ici.

L'approche *holistique* (globale) suggérée dans cet ouvrage, tout en mettant l'emphase sur l'adoption et la mise en pratique des bonnes combinaisons alimentaires a pour but d'aider à prendre des habitudes de vie plus saines et harmonieuses. Vous pourrez apprendre, au cours des prochaines pages, que la relation physiologique entre la détente, la respiration contrôlée, l'exercice physique, la bonne nutrition, l'air pur, l'eau non polluée, le soleil, le repos, le sommeil, le travail ou les activités et un bon climat mental est importante et nécessaire au maintien et à la préservation de la santé.

Cet ouvrage s'adresse à tous ceux qui sont soucieux de leur santé, qui en prennent déjà soin et qui désirent aller plus loin dans leur démarche, mais il s'adresse surtout à ceux qui ont tout essayé, en vain, pour demeurer minces et en bonne santé, qui en ont assez d'entendre et d'enrichir inutilement des vendeurs de faux-miracles, et qui ont une fois pour toutes pris conscience que le succès, le vrai, ne se réalisait que dans l'effort personnel assidu.

Les méthodes qui vous sont proposées, si elles ne coûtent à peu près rien, monétairement parlant, peuvent toutefois demander beaucoup d'investissement en temps et en énergie. Si vous sentez que votre bien-être physique, mental et spirituel en vaut la peine, vous n'hésiterez pas à fournir les efforts requis, ce qui, dans certains cas, représentera peut-être l'investissement le plus important de votre vie.

Ne comptez pas trouver, cependant, dans ces lignes, de diagnostics ni de remèdes miracles. Rien ne saurait en effet remplacer l'avis d'un professionnel de la santé pour toute question relevant de sa compétence. L'auteur y décrit plutôt une méthode de vie naturelle et une façon plus saine de s'alimenter.

1. Considérations générales

La méthode naturelle proposée ici n'est pas seulement conçue pour vous aider à perdre du poids, mais aussi et surtout pour vous permettre de vous bâtir une santé à toute épreuve et à la maintenir. Le principe en est simple: **on doit mélanger le moins possible les différents types d'aliments au cours d'un même repas**. C'est, en quelque sorte, **l'art de les dissocier ou de les combiner pour qu'ils soient mieux assimilés par l'organisme**.

Si nous prenions le temps de nous arrêter et d'observer la nature autour de nous, nous pourrions sûrement en apprendre beaucoup sur cette façon de faire. Elle est utilisée couramment par les animaux et certains peuples vivant encore à l'état sauvage dans des régions éloignées de la civilisation. C'est, pour eux, un geste tout à fait instinctif de sélectionner automatiquement les bons aliments au moment où ils en ont le plus besoin.

On ne peut parler de combinaisons alimentaires sans parler du Dr Herbert M. Shelton. Le mouvement hygiéniste qui vit le jour au vingtième siècle et dont le docteur Shelton est le plus célèbre porte-parole est malheureusement encore très méconnu de nos jours. Les hygiénistes ne prétendent pas guérir ni traiter de maladies, et ne proposent pas de régime miracle. Ils croient cependant que la plupart des maladies sont dues à des carences ou à des déficiences vitaminiques ou minéralogiques. Et c'est à ces déficiences et ces carences que le mouvement hygiéniste s'attaque.

Dans cet ouvrage il ne sera aucunement question de la façon de traiter ou de combler vos carences en vitamines ou en sels minéraux. Le but recherché est de vous exposer une méthode naturelle et différente de vous nourrir pour ainsi laisser derrière vous les kilos en trop tout en vous dirigeant vers une meilleure santé.

Ce qui suit reflète en partie les idées du docteur Shelton sur le sujet. Même si à l'occasion il semble, pour ceux qui ont lu ses livres, quelque peu extrémiste, voire même agressif dans ses propos, il n'en reste pas moins qu'il fait autorité en la matière et que ce livre ne serait pas complet s'il ne résumait sa pensée hygiéniste.

Au départ Shelton affirme que:

> *«Le rôle de la nutrition sur la santé, sur sa perte et sur son rétablissement a été honteusement laissé de côté par plusieurs générations de spécialistes et chercheurs sur l'hérédité. Le plus souvent, ces spécialistes tiennent pour acquis que le genre de nourriture absorbée importe peu, aussi longtemps que l'on mange "suffisamment" et plus que "suffisamment". Avant tout, ils attirent l'attention sur l'abondance ou le*

manque de nourriture. C'est ainsi qu'ils accordent plus d'importance à la quantité qu'à la qualité de la nourriture.

Le mode d'absorption et le mode d'utilisation de la nourriture orientent l'organisme dans des directions bien définies. Des modes de nutrition différents sont bel et bien responsables de modes de reproductions différents. Le but de la nutrition n'est pas uniquement de produire la croissance, mais aussi de satisfaire à ce qui est requis pour l'équilibre et le fonctionnement normal de l'organisme.»[1]

Posons-nous la question suivante: qu'est-ce que la nutrition? Il faut absolument se défaire de l'idée que le mot alimentation veut obligatoirement dire nutrition. D'après *Shelton*, il ne suffit pas, pour avoir une alimentation saine, de manger des aliments sains.

Pour acquérir force, santé et être doté d'une vigueur à toute épreuve, on doit se nourrir sainement, manger suffisamment — sans toutefois absorber trop de nourriture — boire de l'eau pure et respirer de l'air non pollué. Mais à tout cela, il faut ajouter quelque chose de plus. La nutrition étant un processus de vitalité, de croissance et de développement, elle ne peut être accomplie que par un **organisme vivant**.

Pour une meilleure fonction nutritive, nous devons développer une meilleure nutrition, et cela ne s'achète pas. Aucun médicament ne peut l'augmenter, pas plus qu'accomplir les fonctions vitales à notre place. Cette fa-

---

[1] Shelton, H. Herbert, La voie hygiéniste, (Montréal: Éd. du Roseau, 1985), p. 19.

culté, à la fois si merveilleuse et si puissante qui nous permet de vivre, de manger et de fonctionner, réside en nous.

Le corps a de multiples besoins et c'est la combinaison de principes de vie tels que la nourriture, l'eau, l'air, le soleil, le repos, l'exercice, une attitude mentale positive, qui remplit ce rôle. Étant tous indispensables, toutefois, aucun n'est suffisant en soi et l'un n'est pas plus important que l'autre. C'est seulement en les combinant harmonieusement pour répondre aux différents besoins corporels que l'on peut maintenir la santé véritable, ou la retrouver — même quand elle semblait perdue.

Le métabolisme en bonne santé absorbe ce qu'il peut de la nourriture consommée et rejette le reste. La surconsommation d'un aliment en particulier peut être plus nuisible qu'inutile, même si celui-ci a des propriétés curatives reconnues. C'est ce que Shelton appelle les "régimes de remplissage" et qui ne sont en fait qu'un gaspillage des forces vitales. Ils sont malheureusement beaucoup trop répandus de nos jours. Certains de ces régimes consistent à se gaver de tous les aliments pour être sûr de ne manquer de rien, d'autres à absorber une quantité industrielle de jus de fruits ou de légumes verts ou encore d'aliments riches en vitamines et sels minéraux.

Régulièrement, nous voyons des gens maigres manger de fortes quantités d'aliments nutritifs sans engraisser d'une livre et des individus malades ingurgiter des quantités énormes (mégadoses) de vitamines sans en tirer profit. Des aliments *gorgés* de fer ne semblent pas améliorer l'état de certaines personnes souffrant d'anémie. Des aliments riches en calcium, consommés régulièrement ne comblent pas les carences de ceux qui les mangent. Le fait est que bien manger ne veut pas toujours dire bien assimiler.

Rien d'extérieur à l'homme ne peut remplacer la fonction d'assimilation des vitamines et des sels minéraux. Le procédé mis de l'avant par le mouvement hygiéniste du docteur Shelton a pour but d'aider à reconstruire et de maintenir une condition physique et physiologique qui permettent l'utilisation optimale de ces éléments.

Il est important pour l'homme d'étudier et de considérer les moyens qu'utilise la nature pour construire et en arriver à ses fins. Il serait présomptueux d'oser prétendre qu'on peut faire autrement. Construire comme la nature, voilà la seule façon logique d'apporter notre contribution. La nature a des moyens efficaces et simples pour éliminer, faisons comme elle. «*La base indispensable du travail de l'hygiéniste sera de s'efforcer d'assurer à l'individu le bénéfice complet de tous les moyens hygiénistes, dans leur pleine mesure, car c'est ainsi seulement qu'une santé digne de ce nom pourra être rétablie ou maintenue.*»(1)

Notre monde moderne est infesté de malades qui ont vainement tenté toutes sortes de régimes ou de diètes. La gamme complète des "digestifs", des concoctions diététiques, des sels minéraux, et des cachets de vitamines y ont passé sans succès. Certains sont même allés jusqu'à vouloir mettre en pratique le concept que "l'homme est ce qu'il mange". Pour cela, ils ont en vain ingurgité toutes sortes d'aliments qualifiés de miraculeux ou dotés de valeurs curatives inestimables.

Le temps n'est-il pas enfin venu de commencer à prendre plus en considération le processus ou la façon dont on "assimile" notre nourriture plutôt que de continuer à concentrer toutes nos énergies sur la seule nourriture absorbée? S'assurer que l'on est en mesure de bien assimiler toute nourriture qui nous est présentée, voilà ce qui est im-

(1) Shelton, H. Herbert, La voie hygiéniste, (Montréal: Éd. du Roseau, 1985), p. 23.

portant. Sinon, où est l'avantage de nourrir son corps si ce dernier ne peut en bénéficier pleinement.

Le fait de prendre chaque jour le nombre de calories recommandées ne garantit pas forcément qu'elles vont être toutes utilisées par le corps. Il est impossible de tirer profit d'une nourriture qui fermente dans le tube digestif. En se putréfiant dans l'estomac, mêmes des fortes concentrations de protéines n'apporteront pas les acides aminés nécessaires à une bonne santé. Il est important de se nourrir selon *notre* capacité digestive et non pas selon des critères théoriques. Il suffit de visiter des instituts pour malades chroniques pour se rendre compte que ces derniers continuent de s'affaiblir et de dépérir, même s'ils sont gavés de bonne nourriture bien *riche*.

Il semble parfois que l'être humain moderne déploie tous ses moyens et astuces pour tromper la nature plutôt que d'étudier celle-ci et respecter sa manière de construire. Tout comme l'homme d'affaires qui disait à son médecin: «*Je ne veux pas savoir comment arrêter de boire, mais je veux connaître les moyens qui vont me permettre de continuer à le faire en toute sécurité.*»(1)

Comme sait le faire le reste de *la création*, il y a des circonstances où l'on ne devrait pas manger. Savoir quand ne pas manger est aussi important que de savoir quand et comment manger. Les motifs réels de l'absorption de nourriture sont strictement de fournir au corps les éléments nutritifs dont il a besoin. Manger quand nous n'avons pas faim ne nous apporte rien sur le plan santé mais déclenche une mauvaise digestion.

Il y a deux raisons, aussi impérieuses l'une que l'autre de prendre garde à notre alimentation.

---

(1) Shelton, H. Herbert, La voie hygiéniste, (Montréal: Éd. du Roseau, 1985), p. 23.

«La première: nous devons nous assurer de fournir à l'organisme une quantité suffisante de tous les éléments nutritifs; l'autre est aussi simple: nous devons manger dans des conditions physiques, mentales et physiologiques qui accélèrent, au lieu de la retarder, la digestion des aliments consommés. La première règle suppose que nous écartions les aliments dénaturés pour ne manger que des produits naturels authentiques; la deuxième exige le respect des combinaisons alimentaires et pose certaines conditions: avoir faim, être en équilibre émotionnel, avoir de la vigueur et être en bonne santé. Manger lorsqu'on a du chagrin, qu'on est fatigué, malade ou fiévreux, c'est manger sans pouvoir digérer.» (1)

Tôt ou tard, ceux qui mangent trop atteignent leur seuil de tolérance et tout abus devient insupportable. Ils ne digèrent plus et se sentent constamment mal après les repas. Quand cela se produit, la seule façon d'y remédier est le rajustement de la consommation d'aliments aux capacités de digestion. Même en adoptant un régime différent, la situation ne changera sûrement pas, si l'on continue de faire des abus. Consécutivement à la surconsommation inutile d'aliments, les fonctions digestives s'affaiblissent, la maladie s'installe et même les quantités normales de protéines deviennent inassimilables. *«L'organisme affaibli n'entend rien aux normes de laboratoire.»* (2)

Le bon fonctionnement de l'élimination nécessite une quantité assez importante d'énergie nerveuse, si cette dernière devient insuffisante, les déchets toxiques qui proviennent de la nourriture désintégrée s'accumulent et l'état de

---

(1) Shelton, H. Herbert, La voie hygièniste, (Montréal: Éd. du Roseau, 1985), p.150

---

(2) Ibid.

toxémie s'installe. L'énergie nerveuse est constamment sollicitée pour expulser les poisons de toutes sortes et combattre les fermentations qui produisent des gaz dans l'appareil digestif. L'épuisement nerveux est généralement dû à une trop grande dissipation d'énergie. Cet épuisement est souvent la cause de toutes sortes de problèmes, de maladies même.

Les grands responsables de ces fermentations et putréfactions dans le système digestif sont sans contredit la suralimentation en général, la surconsommation de pain et de céréales, et les mauvaises combinaisons alimentaires.

Certaines combinaisons sont plus nocives que d'autres pour certains individus; cela peut dépendre de plusieurs facteurs tels que les allergies *addictives*, les types chimiques et une plus ou moins grande capacité digestive, mais il sera question plus loin de tout ceci.

Parmi les mauvaises combinaisons alimentaires, on retrouve:
- pain et protéines: sandwich au poulet, au rosbif, au jambon, au fromage, aux oeufs,
- céréales avec lait et sucre,
- céréales avec lait seul,
- céréales sucrées,
- acides et amidons (tomates et pâtes),
- acides et protéines (agrumes et viandes),
- melon en fin de repas,
- pain et confiture ou marmelade,
- tarte, gâteau, bonbons, etc.

Le lait ou la crème que l'on met dans le café forment une combinaison à exclure de nos habitudes; la réaction qui se produit avec les éléments chimiques du café fait que le lait ou la crème, ne pouvant être digérés, se putréfient dans l'estomac et produisent un engorgement immédiat du foie.

Souvent on nourrit les bébés ou les jeunes enfants avec du pain mélangé à du lait et, pensant bien faire, on y ajoute des fruits ou du sucre. Cette habitude devrait être éliminée car elle entraîne à coup sûr des fermentations (coliques).

Les organismes dont les fonctions de sécrétion sont en bon état de marche, développent des défenses contre les bactéries nuisibles et les abus de nourriture. Les personnes dotées d'un puissant système digestif pourraient tolérer, occasionnellement, certaines mauvaises combinaisons alimentaires. Toutefois, l'excès de table deviendra impossible aux gens nerveux, intoxiqués, et à ceux dont le seuil de tolérance est atteint.

L'alimentation est un phénomène tout à fait naturel et chaque individu se doit d'en connaître les rudiments. Il n'est pas besoin de diplôme universitaire pour comprendre et appliquer ce qui précède, ce n'est que de la pure et simple logique.

Déjà, tout jeune, on nous habitue à manger trop souvent et en quantité excessive. Toutes sortes de principes de force, de santé et de sécurité sont basées sur l'idée d'avoir un bébé *bien en chair*. Devenus adultes, nous conservons ces mauvaises habitudes.

Nous mangeons trop!

Et le **pain**! Ce traditionnel soutien de la vie! Comme nous en abusons! On nous en sert partout: en sandwiches, hamburgers, hot-dogs, avec la soupe, les spaghettis, les viandes, dans toutes sortes de plats mijotés ou gratinés (pizzas, etc.), dans les énormes ragoûts où une sauce riche et farineuse arrose le tout. Nous avons pris l'habitude d'accompagner de pain tout ce que nous mangeons. Nous en consommons même entre les repas sous forme de collation (tartelettes, pâtisseries, etc.). On en retrouve en si grande

25

quantité dans nos assiettes que les autres aliments semblent inexistants ou presque. Non seulement nous abusons
du pain, mais nous le combinons aussi au hasard avec
toutes sortes d'autres aliments.

* * *

Le mode de vie proposé ici est une hygiène naturelle qui
est loin de se limiter aux régimes spéciaux. C'est un programme de vie et non pas un ensemble de cures pas-
sagères. Les bains de soleil, les jeûnes et l'habitude de
respecter les bonnes combinaisons alimentaires sont utilisés parce que ce sont des éléments essentiels à la vie et
non pas à cause de leurs valeurs curatives pour en faire des
médicaments. Les méthodes décrites dans cet ouvrage ne
représentent en aucun cas une cure, mais simplement une
façon de vivre plus simple, mieux adaptée à chacun et
conforme aux lois de la nature.

2. Digestion, assimilation et "métabolisation"

Tout au long de cet ouvrage il sera question de digestion, d'assimilation ou de *métabolisation.* Il nous a semblé utile de définir sommairement ces trois concepts.

Digestion
La digestion est une série de changements physiques et chimiques par lesquels la nourriture, une fois ingérée, est transformée dans le but d'être absorbée, à partir des intestins, par le système sanguin. Ces changements sont effectués dans l'appareil digestif, qui inclut la bouche, le pharynx, l'œsophage, l'estomac, le petit et le gros intestins.

Les principes actifs, contenus dans les sucs digestifs, qui produisent une transformation chimique de la nourriture sont appelés enzymes. Ce sont des protéines complexes, capables de produire des réactions chimiques avec d'autres substances sans en être elles-mêmes transformées. Chaque enzyme agit seulement sur une substance particulière. Par exemple, un enzyme capable de transformer le gras, ne peut transformer des protéines ou des hydrates de carbone, ou vice versa. Les enzymes sont sécrétés à partir de quatre parties spécifiques du corps, à savoir les glandes salivaires, l'estomac, le pancréas et les parois du petit intestin ou intestin grêle.

La digestion commence en réalité dans la bouche lorsque, avec l'aide des dents, on réduit la nourriture en petits morceaux. Les glandes salivaires produisent alors la salive, un fluide qui rend la nourriture plus facile à mâcher et qui contient de la ptyaline, l'enzyme nécessaire à la transformation des hydrates de carbone. La nourriture avance jusqu'au pharynx sous contrôle volontaire (réflexe d'avaler). De là, et tout au long de sa course à travers l'œsophage, le processus de l'ingestion est maintenu par un mouvement péristaltique, c'est-à-dire une lente progression rappelant le mouvement d'une vague et qui se continue tout au long de l'appareil digestif — transportant ainsi la nourriture jusque dans l'estomac.

Une digestion plus active commence dans l'estomac, où la nourriture est mélangée avec les sucs gastriques contenant de l'acide hydrochlorique, de l'eau et des enzymes capables de transformer les protéines et d'autres substances. Pendant une période de une à quatre heures, selon les combinaisons alimentaires ingérées, le réflexe péristaltique pousse la nourriture en dehors de l'estomac jusque dans l'intestin grêle. Les substances mi-digérées quittent alors l'estomac et pénètrent dans l'intestin grêle dans l'ordre suivant: tout d'abord les hydrates de carbone, puis les protéines et enfin les gras qui demandent plus de temps pour être digérés.

Quand toutes ces substances sont dans l'intestin grêle, le pancréas sécrète ses sucs digestifs. Si du gras est présent dans la nourriture, la bile, un enzyme produit par le foie et emmagasiné dans la vésicule biliaire, est aussi sécrétée. La bile sépare alors le gras en petites gouttelettes pour qu'il puisse être ensuite transformé par les enzymes du pancréas. Le pancréas sécrète donc une substance qui neutralise les acides digestifs dans la nourriture. Il envoie aussi des enzymes additionnels qui continuent la transformation des protéines et des hydrates de carbone.

Les résidus de nourriture non digérés pénètrent dans le gros intestin ou colon et sont éventuellement évacués. Il n'y a aucun enzyme digestif sécrété dans le gros intestin et, à part l'absorption d'eau, aucune transformation ne s'effectue à cet endroit.

Assimilation

L'assimilation est le processus par lequel les éléments nutritifs sous forme de glucose (venant des hydrates de carbone), d'acides aminés (venant des protéines) et d'acides gras sont absorbés par les intestins et ensuite transférés dans le flux sanguin pour faciliter la métabolisation des cellules.

L'assimilation s'effectue principalement dans l'intestin grêle. Les parois de l'intestin grêle sont recouvertes de petites projections ressemblant à des doigts qu'on appelle *villosités*. Ces villosités contiennent des canaux lymphatiques et des minuscules vaisseaux sanguins, appelés *capillaires*, qui sont les principaux canaux d'assimilation selon le type d'éléments nutritifs. Les gras et vitamines solubles dans l'huile (A,D,E,K) voyagent par le sang jusqu'aux cellules. D'autres éléments nutritifs sont transportés à partir des villosités par les vaisseaux capillaires, qui les déversent dans les veines qui mènent au foie.

À l'intérieur du foie, plusieurs types d'enzymes aident à transformer les molécules nutritives en des formes nouvelles qui répondent à des besoins spécifiques. À la différence des changements antérieurs qui servaient à préparer les éléments nutritifs pour l'assimilation et le transport, les réactions qui ont lieu dans le foie produisent les substances nécessaires aux cellules individuelles. Certaines de ces substances sont utilisées par le foie lui-même, mais le reste est emmagasiné pour être libéré dans le corps selon les besoins.

L'excédent est transporté par le flux sanguin où il est ramassé par les cellules et utilisé. Les vitamines solubles dans l'eau (B,C) et les minéraux sont ainsi absorbés par le flux sanguin de l'intestin grêle.

"Métabolisation"

À ce point, la manipulation de la nourriture à l'intérieur du corps a atteint son stade final. Le processus de *métabolisation* implique tous les changements chimiques que les éléments nutritifs traversent à partir du moment où ils sont assimilés jusqu'à ce qu'ils deviennent partie intégrante du corps ou qu'ils soient rejetés à l'extérieur.

La *métabolisation* peut être décomposée en deux phases générales qui se produisent simultanément: l'anabolisme et le catabolisme.

L'*anabolisme* recouvre toutes les réactions chimiques que les éléments nutritifs traversent pendant la construction de la chimie et des tissus du corps. Réactions qui impliquent, comme nous l'avons vu plus haut, le sang, les enzymes, les hormones et autres.

Le *catabolisme* implique les réactions à travers lesquelles différentes substances sont transformées en énergie utilisable par le corps.

L'énergie qui nourrit les cellules est un dérivé de la *métabolisation* du glucose qui, combiné à l'oxygène en une série de réactions chimiques qu'on nomme cycle de Krebs, donne du dioxyde de carbone, de l'eau et de l'énergie cellulaire. Le dioxyde de carbone et l'eau forment des résidus qui sont expulsés des cellules par le flux sanguin.

L'énergie peut aussi être un dérivé de la *métabolisation* d'acides gras essentiels et d'acides aminés, quoique le but premier de la *métabolisation* des acides aminés soit de fournir le matériel de croissance et de maintien en forme des tissus du corps, en plus de servir à la réparation de ces mêmes tissus. Les résidus des acides gras essentiels et des acides aminés qui ont été métabolisés sont aussi transportés hors des cellules par le flux sanguin.

Le procédé de *métabolisation* requiert un système complexe d'enzymes pour faciliter les milliers de réactions chimiques différentes et pour régulariser le rythme auquel ces réactions s'effectuent. Ces enzymes requièrent souvent la présence de vitamines et minéraux spécifiques qui agissent comme co-enzymes dans la bonne marche de leurs fonctions.(1)

---

(1) Nutrition Almanach (N.Y.: McGraw-Hill Paperback, 1975), pp. 2-3.

LE SYSTÈME DIGESTIF

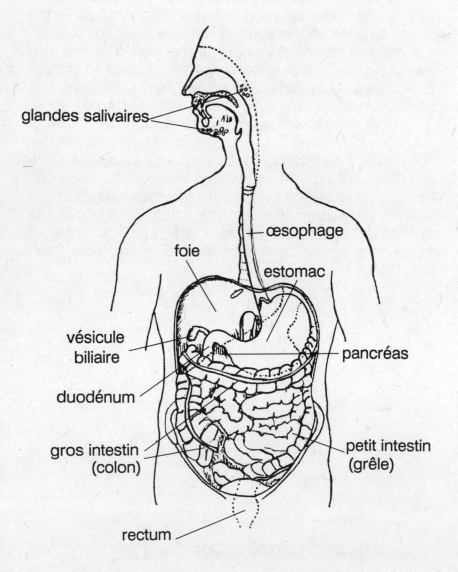

glandes salivaires

œsophage

foie

estomac

vésicule
biliaire

pancréas

duodénum

gros intestin
(colon)

petit intestin
(grêle)

rectum

3. Quoi et comment manger?
Une question de combinaisons

«La faim est l'expression du désir de l'organisme d'assimiler de la nourriture; elle se manifeste par une sensation particulière dans la bouche et la gorge, et souvent par le désir très net de consommer un aliment en particulier. La faim véritable est rarement indifférente à la nature des aliments. Avoir faim, ce n'est pas se jeter aveuglément sur n'importe quel plat, mais plutôt éprouver distinctement le désir de manger certains aliments. La faim véritable est la récompense des activités qui l'ont précédée; elle n'est liée à aucun horaire. L'appétit, qui est une faim contrefaite, est généralement indécis, mouvant, indépendant de l'effort accompli, périodique; c'est une habitude et non pas l'expression d'un besoin.»(1)

Dr Herbert M. Shelton

---

(1) Shelton, H. Herbert, La voie hygiéniste, (Montréal: Éd. du Roseau, 1985) p.191.

Toute personne désireuse d'atteindre la santé et la minceur par les méthodes décrites dans ce livre, va rapidement se rendre compte de la nécessité de se prendre en charge et d'effectuer quelques changements dans son horaire journalier. La discipline personnelle a toujours eu ses récompenses et cette règle s'applique encore ici. Prendre le temps de planifier et préparer ses repas semble quelque chose de simple en soi, et pourtant, pour certaines personnes, cela est devenu une tâche presque impossible. Nous sommes toujours trop pressés, pris entre deux rendez-vous, avec les dîners d'affaires, les conventions sociales, la vie moderne, la facilité d'accès au *fast food*, la peur d'être *différent*, tous ces facteurs nous ont installés dans un "pattern" qui nous emprisonne et nous tue lentement. **Le temps** semble être ici l'élément qui handicape toute démarche vers une retour au naturel. Pourtant, on ne peut prétendre se rapprocher de la nature sans en observer ses règles.

Si l'on veut vraiment se prendre en main, lorsqu'il s'agit de nutrition, la première règle à suivre — d'après les hygiénistes de Shelton — c'est d'**attendre d'avoir faim**. Il ne faut **jamais manger au-delà de sa faim** et l'on doit **faire de son repas une occasion de plaisir,** sans que le plaisir constitue le but et l'objet du repas.

Il est bien évident que si l'on mange seulement quand on a faim (comme on dit souvent, "quand le ventre crie"), l'horaire des repas sera quelque peu perturbé. Toutefois si les bonnes combinaisons alimentaires sont respectées, favorisant ainsi une bonne digestion, il est possible de faire en sorte que la faim se manifeste à des intervalles réguliers, soit de trois à quatre heures. Il sera ainsi très facile de coordonner vos repas en fonction des exigences de votre routine quotidienne.

Manger le soir avant de se coucher est une habitude à proscrire. Même si certaines personnes prétendent que cela ne les dérange pas, il reste tout de même que cette manie mène à la suralimentation et à l'intoxication du foie. Qui a besoin d'un repas de 1 000 calories pour dormir? N'oublions pas que le foie est un organe qui fonctionne bien le jour et qui se repose durant la nuit. Si on ne lui accorde pas de repos, il est évident qu'un jour on va s'en repentir.

La deuxième règle à suivre, c'est de manger tant que la faim persiste et de s'arrêter quand elle est satisfaite — n'oubliez pas que nous parlons ici de la *vraie faim*, soit le désir de l'organisme d'assimiler de la nourriture et non d'avoir obligatoirement le ventre bien rempli. Une personne qui est à l'écoute de son corps saura reconnaître cette faim. Elle la différenciera de l'appétit et de ses multiples besoins de gratification orale. Nous reparlerons plus loin des compulsions et des fausses faims.

Dans cet ordre d'idée, vous n'aurez plus à être *poli(e)* pour répondre aux convenances sociales. Le fait d'ingurgiter tout ce qu'on vous sert à table par politesse est insensé et ridicule et porte en lui-même sa punition. Si les parents laissaient (jusque dans une certaine mesure) leurs enfants manifester plus instinctivement leurs préférences face à la nourriture et quant à la quantité qu'ils ressentent le besoin d'absorber, ces derniers ne s'en sentiraient-ils pas mieux?

La troisième règle demande qu'un repas se compose de deux éléments: le matériel (nourriture) et le spirituel. Le mot spirituel n'est pas utilisé ici dans son sens strict, il veut tout simplement dire être de bonne humeur. Être joyeux en mangeant permet de mieux savourer son repas et favorise la digestion. Manger au milieu des querelles, des réprimandes, des remarques désobligeantes, rend l'atmosphère du repas déprimante et mène droit à l'indigestion.

La salle à manger à l'heure du repas est peut-être l'endroit le mieux indiqué pour créer une ambiance amicale remplie d'affection et d'absence de préoccupations. Le rire détend et met à l'aise. Faire régner joie et paix à table, voilà une des règles de la vie.

L'eau est la seule vraie boisson et, comme le déclare Shelton: «*Tous les autres liquides pris comme boisson sont soit des aliments (lait, jus de fruits, etc.), et il faut les prendre comme aliments, ou des poisons (café, thé, cacao, boissons alcoolisées) dont il faut s'abstenir*»(1).

Loin de contredire Shelton, on peut cependant considérer que c'est l'abus de ces substances qui les rendent nocives et en font des poisons. La tempérance a toujours eu sa place et l'aura toujours. Il faut utiliser ces boissons pour ce qu'elles sont. Le café stimule particulièrement le cortex cérébral, c'est pourquoi son abus mène à l'insomnie et à la surexcitation. Mais son utilisation modérée peut se révéler très utile pour un travail intellectuel nécessitant la rapidité de pensée. Il ne faut pas non plus prêcher l'abstinence totale d'alcool. Des études récentes (*Ticker Test*, Réseau CTV, mars 1987) prouvent que son usage modéré, jusqu'à un verre par jour, est bon pour la santé par son action drainante sur le système lymphatique et son effet relaxant.

Dès que vous déciderez de mettre sel, épices ou condiments complètement de côté ou d'en faire une utilisation prudente, vous serez en mesure de reconnaître la vraie soif, celle qui vous indique que votre corps a besoin d'eau. La règle est de boire quand on a soif et seulement quand on a soif. Boire en mangeant est déconseillé. L'eau dilue les sucs digestifs, les emporte rapidement et la nourriture reste dans l'estomac sans être digérée.

D'après Shelton, il est recommandé de boire toute l'eau que l'on veut dix ou vingt minutes avant les repas:

---

(1) Shelton, H. Herbert, La voie hygiéniste, (Montréal: Éd. du Roseau, 1985), p.194.

«On peut boire toute l'eau que l'on veut trente minutes après un repas de fruits. On peut boire toute l'eau que l'on veut deux heures après un repas amylacé. On peut boire toute l'eau que l'on veut quatre heures après un repas de protides.»(1)

Encore ici, il est de mise de respecter ses besoins et ses capacités respectives. Il s'agit de se familiariser avec les quantités d'eau que l'on peut ou ne peut pas boire et le temps que l'on doit attendre après chaque repas pour pouvoir le faire sans perturber pour autant sa digestion.

Pour un repas de fruits, la règle de boire trente minutes après le repas convient très bien, et on devrait se limiter à attendre de une à deux heures seulement après les repas de protéines ou d'amidon.

«La règle de ne pas boire durant les repas s'applique à tous les liquides: café, thé, jus de fruits et de légumes, etc. Si on recommande d'ajouter à votre régime des jus de fruits ou de légumes, il vous faut les prendre quinze ou vingt minutes avant le repas; sinon il faut attendre suffisamment pour que ces jus ne dérangent pas la digestion.»(2)

Ce qui suit est un résumé des principales règles que Shelton recommande dans son ouvrage intitulé **Les combinaisons alimentaires et votre santé:**

- *Manger protéines et hydrates de carbone (glucides) à des repas séparés.*
- *Manger acides et amidons à des repas séparés.*
- *Ne manger à un même repas qu'un aliment contenant une protéine concentrée.*

---

(1) Shelton, H. Herbert, La voie hygiéniste, (Montréal: Éd. du Roseau, 1985), p.195.

---

(2) Ibid.

- *Manger les corps gras et les protéines à des repas séparés.*
- *Manger les sucres et les protéines à des repas séparés.*
- *Manger les melons seuls.*
- *Prendre le lait seul, ou ne pas en prendre du tout.*

Les desserts sont des gourmandises que l'on prend à la fin d'un repas, alors que l'on est déjà plus que rassasié. Ils ne se combinent avec aucun autre aliment et il vaut mieux les omettre tout à fait...»(1)

Les différents types d'aliments qui contiennent les **protéines** (viandes, volaille, poisson, oeufs et produits laitiers), les **graisses** (huiles, graisse, beurre, margarine et les gras des noix, des céréales, du lait et du fromage) et les **hydrates de carbone** (fruits, y compris tomates et melons, tous les sucres et amidons, féculents, céréales, racines, noix), ont besoin d'enzymes pour être digérés.

Ces enzymes agissent à différents stades de la digestion et **peuvent dans le cas de mauvaises combinaisons d'aliments agir en contradiction les uns avec les autres.** Régulièrement, après les repas, certaines personnes se plaignent d'indigestion, c'est-à-dire d'inconforts de toutes sortes tels que ballonnement, douleurs à l'estomac, fermentations, gaz, mauvaise haleine, etc. Le problème ici est que l'organisme n'assimile pas bien la nourriture. Cette dernière, au lieu d'être *métabolisée* en énergie utilisable immédiatement par le corps, est transformée en toxines et en graisses, ce qui mène tout droit à l'auto-intoxication et à la prise de poids.

Ce qu'il est important de comprendre dans le processus de la digestion, c'est que tous les aliments qui ont été avalés

---

(1) Shelton, H.Herbert, La voie hygiéniste, (Montréal: Éd. du Roseau, 1985), p.195.

dans un même repas, ne font pas tous obligatoirement partie des mêmes catégories. Leur digestion est soit plus lente, soit plus rapide.

Les fruits (hydrates de carbone) qui sont en majeure partie composés de fibres indigestes et de sucre (fructose) sont normalement digérés au niveau de l'intestin grêle.

Les viandes (protéines) sont digérées au niveau de l'estomac par la pepsine.

Les amylacés (pain, pâtes) nécessitent un temps de digestion encore plus long. C'est pourquoi ils commencent déjà à être digérés dans la bouche par un enzyme (ptyaline) contenu dans la salive.

Si, lors d'un même repas, vous absorbez des fruits et de la viande, les fruits qui normalement passeraient tout droit à l'estomac (leur digestion se faisant dans l'intestin grêle) vont être maintenus prisonniers pendant deux ou trois heures dans l'estomac pour que la viande puisse être digérée. Pendant ce temps, le sucre des fruits n'étant pas dans un milieu propice à sa digestion, va fermenter sous l'effet de la chaleur et de l'humidité. Si, en plus, vous avez ingéré du pain ou des pâtes dans ce même repas, alors là tout le processus de fermentation des féculents est activé par celui des sucres. Il en résulte des gaz et un ballonnement et dans certains cas des allergies et même des empoisonnements, puisque les résidus de la fermentation — dont l'alcool qui en est le produit — devront être éliminés par tout le réseau sanguin.

Comme nous l'avons déjà mentionné, les principaux aliments à dissocier sont: pain et viande, pain et oeufs, pain et fromage, céréales avec lait, céréales avec lait et sucre, acides et amidons, acides et protéines, melons en dessert, confiture et pain, gras et pain, etc.

Mais voyons de plus près ce qui se passe au niveau de la digestion des principaux antagonistes.

Acides-Féculents

Tout acide, même faible, détruit la ptyaline de la salive qui est responsable de la digestion des féculents ou amidons (pain, pâtes, etc.). Dans les acides, on inclut tous les vinaigres et tous les acides des fruits. Si on dilue l'acide oxalique à raison de 1 partie pour 1 000, l'action de la ptyaline est complètement arrêtée. Donc, une à deux cuillerées à thé de vinaigre ordinaire renferment assez d'acide pour suspendre entièrement la digestion salivaire. Les acides contenus dans les fruits sont assez puissants et existent en quantité suffisante pour détruire la ptyaline de la salive, et ainsi freiner la digestion des féculents.

Pour cette raison, la règle à suivre ici est:

- **Manger acides et amidons à des repas séparés.**

Protéines-Amidons

La ptyaline, enzyme contenu dans la salive responsable de la digestion des féculents, ne supporte pas la pepsine, enzyme nécessaire à la digestion des protéines et particulièrement des viandes. Lorsqu'on mange un féculent seul, un autre enzyme est produit par l'estomac. Ce dernier est moins acide que la pepsine et son rôle est la digestion des protéines contenues dans le féculent ingéré. Toutefois, sa présence n'entrave pas l'action de la ptyaline. Une réaction acide est nécessaire pour digérer les protéines. Mais cette digestion est réduite à zéro en présence d'un mélange nettement alcalin. Donc, les conditions qui favorisent la digestion peptique sont exactement celles qui excluent l'action de la salive. La ptyaline est extrêmement sensible à l'acide et son action digestive dans l'estomac est complètement stoppée en présence de la forte acidité des sucs gastriques. Dans cette combinaison, il faut se rappeler que dans ses premières phases, la digestion des féculents et celle des protéines s'opèrent en milieu opposé, le féculent nécessitant un milieu alcalin et la protéine un milieu acide.

La règle à suivre ici est:

- **Consommer les protéines et les féculents (amidons) à des repas séparés.**

Protéine-Protéine

La digestion efficace de deux protéines complètes requiert une modification et un minutage propre à chaque protéine, étant donné que ces dernières sont différentes par leur composition chimique et leur caractère. Dans ce genre de combinaison, l'enzyme le plus fort agira sur la viande en premier et sur les produits laitiers, par exemple, en deuxième. Cela n'implique pas forcément que nous ne puissions pas manger deux sortes de viande au même repas, mais qu'on devrait éviter de combiner viande et oeufs, viande et fruits, oeufs et lait, oeufs et fruits, etc.

À cause de cela, il est préférable de:

- **Consommer à un même repas, seulement un aliment contenant des protéines complètes ou concentrées.**

Acides-Protéines

Nous avons établi plus tôt que la pepsine, c'est-à-dire l'enzyme responsable de la digestion des protéines, n'agissait qu'en milieu acide, et qu'un milieu alcalin entravait son action. À cause de ce fait, on a cru à tort que de manger des fruits acides (oranges, citrons, etc.) avec un repas de protéines en faciliterait la digestion. C'est évidemment le contraire qui se produit. Ceux qui pensent ainsi, ne prennent pas en considération qu'un fruit acide, par exemple, crée une réaction alcaline dans l'estomac, ce qui, à coup sûr,

41

s'oppose à la digestion en empêchant le déversement des sucs gastriques.

Donc la règle suivante est à respecter:

- **Manger les protéines et les acides à des repas séparés.**

Protéines-Graisses

La graisse inhibe les sécrétions de sucs gastriques. La présence de corps gras dans l'estomac retarde et réduit la quantité des sucs gastriques, particulièrement la pepsine et l'acide hydrochlorique qui sont spécialement destinés à digérer les protéines. Le volume de la sécrétion gastrique qui normalement se déclenche quand l'appétit survient est réduit si l'on mange du gras en même temps que des protéines. Le tonus gastrique peut même s'abaisser de 50%, et cette condition peut durer de deux à trois heures. C'est pourquoi il est recommandé de ne pas combiner des aliments gras tels que la crème, le beurre, l'huile, la margarine avec de la viande, de la volaille, des oeufs, du poisson ou des noix.

Toutefois, il y a possibilité, si on a mangé du gras avec des protéines (steak frit) de contrebalancer cet effet inhibiteur en mangeant des légumes verts (surtout crus) tels que le chou par exemple. Il est cependant préférable, pour cette raison, d'accompagner de légumes le fromage et les noix.

La règle est donc:

- **Manger les aliments gras et les protéines à des repas séparés.**

Sucres-Protéines

Les sucres réduisent l'activité de l'estomac et retardent la sécrétion des sucs gastriques. Les sucres sont toujours digérés dans l'intestin. Si on les mange seuls, ils s'y rendent tout droit en passant rapidement par l'estomac. Si on les combine avec d'autres aliments comme les protéines ou les farineux, ils restent emprisonnés dans l'estomac et attendent que la digestion de ces aliments se fasse. C'est à ce moment qu'Ils fermentent et produisent gaz et ballonnement, ce qui retarde encore la digestion.

Il est pour cela important de:

● **Manger les sucres et les protéines à des repas séparés.**

Sucres-Amidons (féculents)

La digestion de l'amidon commence normalement dans la bouche et se continue quelque temps dans l'estomac. Comme nous l'avons dit plus tôt, les sucres (fruits) ne se digèrent que dans l'intestin et, ingérés avec d'autres aliments, ils restent pris dans l'estomac pendant la digestion de ceux-ci. Exposés ainsi à la grande chaleur et à l'humidité qui règnent dans l'estomac, ils fermentent très facilement. C'est pourquoi tous les sucres tels que les monosaccharides et les dissacharides qui sont absorbés rapidement par l'organisme doivent être mangés seuls. Les fruits doivent être consommés seuls ou en repas de fruits, mais jamais en dessert, car c'est à cette occasion qu'ils créent le plus de gaz.

Il faut donc:

● **Manger les féculents et les sucres à des repas séparés.**

Les melons

Le peu de digestion qu'ils nécessitent se fait dans l'intestin. Ils se décomposent extrêmement rapidement une fois qu'ils sont entamés, coupés et exposés à la chaleur. Ils peuvent donner beaucoup de gaz et engendrer quantité de malaises s'ils sont consommés avec tout autre aliment.

● **Ils doivent être mangés tout seuls.**

Les prendre en même temps que des fruits acides peut être toléré.

Le lait

C'est un repas complet en soi. Dans la nature, le lait est destiné aux bébés qui n'ont pas encore de dents. En suivant cette règle et en notant que la consommation excessive de lait engendre toutes sortes de complications, il est important de dire qu'il ne devrait pas être consommé par les adultes. Ces derniers à un pourcentage très élevé, ne produisent plus les enzymes nécessaires à la digestion du lait, ce qui amène toujours de la putréfaction, avec comme résultat: ballonnement, diarrhées, constipation ou engorgement du foie. Certaines personnes vont s'objecter en disant que le lait est la source première de calcium et qu'en rejetant celui-ci de notre alimentation, nous nous exposons à des carences. Mais on retrouve le calcium en grande quantité dans tous les produits de la mer: algues marines, homards, crabes, crevettes, pétoncles, saumon, etc.; dans les amandes, les figues, le chou, le cresson et dans les arêtes de poisson (consommable dans les sardines, les anchois ou des bouillons d'os de poissons). Ces derniers, et bien d'autres, constituent des substituts plus qu'adéquats.

À cause des protéines complètes et du gras qu'il contient, le lait se combine pauvrement avec tous les aliments. Sa combinaison avec des fruits acides est toutefois passable. En entrant dans l'estomac, le lait se coagule en grumeaux qui ont tendance à enrober les particules des autres aliments dans l'estomac. Ceux-ci étant ainsi isolés des sucs gastriques, ne peuvent être digérés avant que le caillé ne soit digéré.

Il faut donc:

● **Prendre le lait seul, ou ne pas en prendre du tout.**

Les desserts

Servis en fin de repas où l'appétit a généralement disparu, ces gâteries telles que les tartes, les gâteaux, la compote, les flans(puddings), etc., se combinent très mal avec tous les autres aliments du repas et sont à déconseiller.

Si toutefois l'envie irrésistible vous prend d'en consommer, il est recommandé de manger une copieuse salade de légumes crus avec votre morceau de tarte. Rien d'autre ne devrait être ingéré. Si, par la suite, vous accusez des lourdeurs d'estomac, il est conseillé de sauter le repas suivant. De toute façon, cette règle est toujours recommandée dans le cas d'une indigestion.

La consommation d'aliments antagonistes devrait être faite en espaçant suffisamment les repas pour permettre à leur digestion de s'effectuer complètement: trois ou quatre heures pour les protéines et les féculents, une heure et demie à deux heures pour les fruits.

De nombreux aliments, tels que les céréales, sont des combinaisons naturelles de protéines, graisses et féculents; toutefois, ceci ne les empêche pas d'être digestes. Pour la digestion des différentes protéines ou hydrates de carbone, l'organisme sécrète différents enzymes capables de les digérer. La protéine contenue dans le blé est différente de celle de la viande et certaines combinaisons naturelles s'accordent très bien avec l'organisme. Un aliment comme le riz qui est un hydrate de carbone complexe (polysaccharide) est plus long à digérer qu'un fruit (monosaccharide). Donc, plus un aliment — ou une combinaison alimentaire — est complexe, plus longue en sera la digestion.

En fonction de ce qui vient d'être dit, de bons repas pourraient être constitués de combinaisons telles que:

- **Protéines** (viande, poulet, poisson, fromage, oeufs et noix) **avec tous les légumes verts**,

- **Amylacés** (pâtes, riz, pain ou céréales) **et légumes verts**,

- **Fruits et légumes verts** (crudités) en salade.

- **Une salade de fruits avec du fromage** pourrait être une combinaison passable dans la phase de maintien du poids, mais devrait être évitée pendant l'amaigrissement.

- **Les fruits acides** tels que les agrumes (oranges, citrons, etc.) les ananas, les kiwis, les tomates **ne s'accordent pas avec les fruits doux ou sucrés** (raisins secs, figues, bananes, dattes, etc.) **et ne devraient pas être mangés ensemble dans un même repas.**

- **La consommation des protéines devrait toujours être accompagnée d'hydrates de carbone,** si on veut bien en assimiler tous les éléments nutritifs (ex: poulet et céleri, fromage et poivron vert). Le glucose qui est fourni par l'hydrate de carbone est nécessaire à l'assimilation des acides aminés ou protéines. Sans le glucose, les protéines seront éliminées sans avoir été utilisées par l'organisme.

- **Les légumes verts se combinent avec tous les aliments et fournissent le glucose, les vitamines et les minéraux qui sont des éléments indispensables à toute assimilation.**

4. Protéines, gras et hydrates de carbone

Les hydrates de carbone, les gras et les protéines sont les principales sources d'énergie du corps. Ce sont les éléments qui lui fournissent le carburant nécessaire pour produire chaleur et travail. Leurs valeurs en tant que carburant sont exprimées en *calories*, un terme qui indique le montant d'énergie chimique capable d'être transformé en chaleur quand l'aliment est métabolisé. Donc une nourriture riche en valeur énergétique est aussi riche en calories, tandis qu'une nourriture pauvre en valeur énergétique est aussi pauvre en calories. Les gras cèdent approximativement neuf calories par gramme, les hydrates de carbone et les protéines en cèdent à peu près quatre par gramme.

Hydrates de carbone

Les hydrates de carbone sont la source d'énergie principale pour toutes les fonctions du corps et leur présence est nécessaire pour assister le processus de digestion et d'as-

47

similation d'autres aliments. Ils fournissent immédiatement les calories nécessaires à la production d'énergie dans le corps grâce à la chaleur dégagée par l'union, dans notre système, du carbone et de l'oxygène véhiculés dans le flux sanguin. Ils aident aussi à régulariser la *métabolisation* des protéines et du gras, qui a besoin des hydrates de carbone pour effectuer sa transformation à l'intérieur du foie.

Les principaux hydrates de carbone présents dans la nourriture sont les sucres (dissacharides), les amidons (monosaccharides), les fibres ou fruits (polysaccharides). Les sucres simples, tels que ceux du miel et des fruits, sont faciles à digérer. Les sucres doubles, tels que le sucre de table, requièrent plus d'efforts pour être digérés, mais pas autant que les amidons (les grains entiers par exemple).

Les amidons demandent pour leur transformation en sucre simple (glucose) une action enzymatique prolongée. Les fibres ou cellulose que l'on trouve communément dans la peau des fruits et des légumes, ne sont pas digérées par les humains et contribuent très peu à la création d'énergie. Toutefois, les fibres facilitent l'action intestinale et aident l'élimination.

Tous les sucres et amidons sont convertis par les sucs digestifs en sucre simple qu'on appelle *glucose*. Une partie de ce glucose ou *sucre sanguin*, est utilisée comme carburant par les cellules du cerveau, le système nerveux, et les muscles. Une petite portion de ce glucose est convertie en glycogène et emmagasinée dans le foie et les muscles; l'excès est converti en gras et stocké à la surface du corps et sert de réserve d'énergie. Quand les réserves de gras sont reconverties en glucose et utilisées par le corps, **une perte de poids s'ensuit**.

Les friandises contenant du sucre et des amidons (tablette de chocolat, petit gâteau, tartelette, etc.) procurent presque instantanément de l'énergie au corps parce qu'elles causent une hausse soudaine du taux de sucre dans le sang. Toutefois, à cause d'une suractivité du pancréas, le taux de sucre sanguin peut retomber encore plus bas et donner une plus grand impression d'**appétit** pour du sucre. Cela peut aussi créer fatigue, nervosité et maux de tête. C'est pourquoi il est déconseillé de manger du chocolat (surtout avec l'estomac vide) sous prétexte que cela donne de l'énergie.

Une surconsommation d'amidons et de sucre (surtout combinés ensemble) peut prendre la place des autres aliments plus essentiels dans l'alimentation. Il peut s'ensuivre alors une déficience nutritionnelle, (sans parler des problèmes d'obésité ou, simplement, de carie dentaire).

Les régimes riches en hydrates de carbone raffinés sont souvent faibles en vitamines, minéraux et fibres. Ainsi des aliments tels que la farine blanchie, le sucre blanc ou le riz blanchi sont démunis de vitamine B. Une consommation excessive de ces aliments va aider à entretenir une déficience en vitamine B qu'un individu pourrait avoir.

Si la vitamine B est absente, la combustion des hydrates de carbone ne peut se faire et cela peut occasionner des indigestions, des brûlures d'estomac ou des nausées. Des recherches continuent d'être effectuées pour savoir si des problèmes comme le diabète, les maladies de coeur, l'hypertension, l'anémie, les désordres rénaux et le cancer, pourraient être liés à la surconsommation d'hydrates de carbone raffinés dans l'alimentation.

Étant donné que des hydrates de carbone peuvent être manufacturés dans le corps, il ne peut y avoir de liste qui établit ce que l'organisme a besoin dans son alimentation. Le rythme métabolique, le degré d'activité, le poids et la grandeur de chacun influencent la quantité d'hydrates de carbone dont le corps a besoin, provenant d'une source extérieure. Certaines personnes croient qu'un manque total de cet aliment peut entraîner une perte d'énergie significative, la dépression et un déséquilibre des protéines essentielles du corps.

Les principales sources d'hydrates de carbone sont:

- **Tous les fruits** (sucres simples) y compris les tomates, les melons et le miel;

- **Le sucre de table** (sucres doubles),

- **La cassonade** (sucre brun),

- **Le maltose** (contenu dans la bière),

- **Le lactose** (contenu dans le lait),

- **Les amidons ou féculents** (sucres multiples qui ne paraissent pas sucrés au goût),

- **Les céréales** (blé, riz, seigle, maïs, avoine) utilisées pour faire de la farine),

- **Les racines** (pommes de terre, carottes, betteraves),

- **Les légumineuses, les grains** (pois, haricots, noix, etc.),

- **Les légumes** (tiges d'asperges, etc.).

Pour toute personne voulant **perdre du poids**, il est important de respecter, dans la mesure du possible, les quelques règles suivantes:

- De ne **pas consommer de sucres purs** (bonbons, chocolat, etc.),

- D'**augmenter les quantités de fruits et de légumes**,

- De faire un **usage modéré des amidons et féculents**.

Les **combinaisons** telles que **amidon** (pain, farine, etc.) **et sucres raffinés** (tartes et gâteaux) **sont à éliminer complètement** à cause de leur très haute valeur calorifique.

Gras

Les gras ou lipides, sont les sources d'énergie les plus concentrées de l'alimentation. Quand ils s'oxydent, c'est-à-dire qu'on les combine avec de l'oxygène, ils fournissent deux fois plus de calories par gramme que n'en fournissent les hydrates de carbone et les protéines. Chaque gramme de gras cède au corps approximativement neuf calories.

En plus de fournir de l'énergie agissant comme transporteur pour les vitamines A, D, E et K, ils aident à l'absorption de la vitamine D. Les gras aident aussi à rendre accessible le calcium aux tissus, particulièrement aux os et aux dents. Ils prolongent le processus de la digestion en ralentissant les sécrétions d'acide hydrochlorique dans l'estomac. C'est pourquoi on se sent *plein* plus longtemps après un repas contenant des gras.

Ils sont composés d'acides gras, subdivisés en acides gras saturés et insaturés. Les acides gras saturés sont généralement solides à la température de la pièce (beurre) et, à l'exception de l'huile de noix de coco, sont principalement de source animale. Les acides gras insaturés, incluant les polyinsaturés, sont généralement liquides à la température de la pièce et proviennent principalement de source végétale: noix, maïs, tournesol, olives, etc. Les margarines végétales ont été soumises à l'*hydrogénation*, procédé par lequel les huiles insaturées sont converties en une forme d'huile plus solide.

Les acides gras *essentiels* appelés ainsi parce que le corps ne peut en produire, semblent être importants à la transformation du cholestérol. Le cholestérol est un gras nécessaire. Il fait partie de tous les tissus du corps, spécialement ceux du cerveaux, du système nerveux, du foie et du sang. Sa présence est requise pour la formation des hormones sexuelles et surrénales, de la vitamine D et de la bile. Les déficiences de cholestérol sont très rares. Toutefois, des quantités anormales de cholestérol peuvent être emmagasinées dans le corps des gens qui mangent du gras de façon excessive. L'absorption de lécithine a montré une baisse significative du taux de cholestérol chez certains individus.

Une consommation excessive de gras dans l'alimentation peut amener une prise de poids anormale et, même, conduire à l'obésité.

De plus, l'excès de gras peut être la cause d'une digestion et d'une assimilation anormalement lentes qui dégénèrent en indigestion. Si un manque d'hydrates de carbone est accompagné d'un manque d'eau, ou s'il y a un mauvais fonctionnement des reins, les gras ne peuvent être métabolisés complètement et s'avèrent toxiques.

On trouve les gras principalement dans:

- Le beurre,
- Le fromage,
- La crème,
- Le jaune d'oeuf,

● Les olives,
● Les avocats,
● Les noix et les amandes,
● La viande rouge,
● Le saumon,
● Les sardines, etc.

Notre organisme n'a besoin que d'un minimum de corps gras. Nous pouvons trouver facilement ce minimum requis dans les aliments tels que les viandes, le poisson, les céréales et les produits laitiers. Donc, il est facile, pour maigrir, de mettre de côté tous les gras rajoutés, sans pour cela s'inquiéter d'en manquer.

Protéines

Après l'eau, les protéines sont les substances que l'on trouve en plus grande quantité dans le corps. Les protéines, éléments vitaux pour le maintien de la santé et de la vitalité, sont de toute première importance dans la croissance et le développement de tous les tissus du corps. Les protéines sont nécessaires à la formation des hormones.

Les enzymes, substances nécessaires pour toute fonction vitale de base, sont aussi formés de protéines. Les protéines sont très importantes dans la formation du lait durant la période d'allaitement et du procédé de coagulation du sang. En plus d'être une source majeure de matériaux servant à construire les tissus du corps, elles servent aussi de source de chaleur et d'énergie en cédant au corps quatre calories par gramme. Toutefois, cette fonction énergétique est épargnée quand il y a suffisamment de gras et d'hydrates de carbone dans l'alimentation. Un excédent de protéines non utilisées est converti par le foie et emmagasiné sous forme de graisse dans les tissus du corps.

Pendant la digestion, les grosses molécules de protéines sont décomposées en petites unités appelées *acides ami-*

nés. Ces mêmes acides aminés sont nécessaires pour faire la synthèse des protéines du corps. Ils sont les unités à partir desquelles les protéines sont construites et sont le produit final de la digestion des protéines. Le corps a besoin approximativement de vingt-deux acides aminés liés ensemble dans un *pattern* spécifique pour faire des protéines humaines. Tous ces acides aminés peuvent être produits, sauf huit qui sont appelés **acides aminés essentiels** car ils doivent être fournis par l'alimentation.

Pour que le corps puisse synthétiser les protéines, tous les acides aminés essentiels doivent être présents simultanément et dans les bonnes proportions. Si un seul est manquant, même temporairement, la synthétisation des protéines va tomber à un niveau très bas ou même s'arrêter complètement. Le résultat final fait que tous les acides aminés sont réduits à la même proportion que l'acide aminé manquant.

Certains aliments protéinés peuvent ou non contenir tous les acides aminés essentiels. Quand un aliment les contient tous, on le qualifie de **protéine complète**. Les autres qui ont peu ou pas d'un des acides aminés essentiels sont appelés **protéines incomplètes**. Toutes les viandes et tous les produits laitiers ont des protéines complètes, tandis que la plupart des végétaux et des fruits ont des protéines incomplètes. Pour obtenir un repas de protéines complètes en utilisant des protéines incomplètes, on doit soigneusement combiner les aliments de sorte que ceux qui sont très faibles en un acide aminé essentiel soient équilibrés et complétés par d'autres aliments forts en ce même acide aminé essentiel.

La dose journalière minimum requise pour maintenir une bonne santé est difficile à déterminer. Les doses requises diffèrent selon la grosseur, la grandeur et le niveau d'activité de chaque individu. Une façon simple et rapide de calculer approximativement le montant de protéines requis est de multiplier le poids (en kilogrammes) de votre corps par 1,1. Le résultat indiquera le nombre de grammes de protéines complètes dont vous avez besoin chaque jour. Si vous pesez, par exemple, 60 kilos, vous avez besoin d'à peu près 66 grammes de protéines par jour.

Une carence en protéines peut mener à une croissance anormale des tissus. Les cheveux, les ongles et la peau seront plus spécialement affectés ainsi que le tonus musculaire, qui s'appauvrira sensiblement. D'ailleurs, un enfant dont l'alimentation est déficiente en protéines peut ne jamais atteindre sa stature physique potentielle. Chez les adultes, une carence en protéines peut entraîner les malaises suivants: manque de vigueur, dépression, faiblesse et résistance amoindrie aux infections.

Les aliments riches en protéines complètes sont:

• Les viandes,

• Le poisson,

• La volaille,

• Le fromage,

• Le yogourt,

• Les œufs,

• Le soya (tofu),

• Les lentilles,

• Les haricots,

- Les graines de soya,

- Les graines de coton,

- Le germe de blé,

- La levure de bière.

Tous les autres aliments tels que céréales multiples, noix, olives, avocats, sont des protéines incomplètes et doivent être combinés (voir à ce sujet le chapitre intitulé: *Combinaisons alimentaires et végétarisme*).(1)

---

(1) Nutrition Almanach (N.Y.: McGraw-Hill Paperback, 1975), pp. 7-8.

5. Suppléments alimentaires, vitamines et minéraux

Les vitamines sont des substances que l'on retrouve dans toute nourriture, qu'elle soit végétale ou animale. Elles peuvent être naturelles ou synthétiques. Celles dont il sera le plus souvent question ici sont les vitamines naturelles, surtout à cause de leur plus grande facilité à être absorbées. On en identifie à peu près vingt, mais plusieurs font partie de la même famille. Les groupes qui nous intéressent particulièrement sont les vitamines A, B, C, D, E, K. On les retrouve en quantités variables dans différentes sortes d'aliments et tous sont nécessaires pour maintenir une bonne santé. Les vitamines doivent nous parvenir d'une source extérieure, soit de la nourriture ou de suppléments car, à part quelques exceptions, le corps ne produit à peu près pas de vitamines.

On entend souvent dire: «Mais si je prends des vitamines je vais engraisser». Rien de plus faux! Les vitamines n'ont aucune valeur énergétique ou calorifique. Elles jouent un rôle important dans le processus de *métabolisation* en agissant comme co-enzymes. Elles aident à régulariser le métabolisme, convertir les gras et les hydrates de carbone en énergie et favorisent la construction des os et des tissus.

Les vitamines ne font pas partie des composantes majeures des structures corporelles, mais elles aident à les construire.

Il est difficile d'établir avec certitude la quantité dont une personne a besoin dans telle ou telle vitamine. Le climat, le sexe, l'âge, l'état de santé, le poids, l'hérédité, le niveau d'activités, etc., font que chaque individu a des besoins différents. Certaines doses journalières ont été recommandées, mais dans ces recommandations on ne tient pas compte des facteurs mentionnés plus haut. Dans ces études, on nous dit que 60 mg de vitamine C sont suffisants pour un adulte, alors que si cet adulte est un fumeur, même léger, il en consomme au moins quinze fois plus.

À part avis contraire du médecin, si vous n'êtes pas certain de bien respecter le minimum requis dans votre alimentation, surtout si vous êtes en train de faire un régime amaigrissant, il est possible de compenser ces carences en prenant des suppléments de multivitamines et multiminéraux. Prendre trop de vitamines est sans valeur et l'excédent qui n'a pas été utilisé par le corps va, soit être éliminé dans les urines, soit être gardé en réserve dans le corps.

Les vitamines B et C qui sont solubles dans l'eau (hydrosolubles) ne sont pas dangereuses, même si on en prend trop. Mais il faut être plus prudent avec les vitamines A, D, E et K qui sont solubles dans le gras (hyposolubles). Celles qui sont le plus à redouter sont les vitamines A et D, qui peuvent devenir toxiques si ingérées en quantité importante. On pense qu'une dose régulière de plus de 50 000 UI (unités internationales) par jour de vitamine A peut être dangereuse. On ne connaît pas à ce jour d'effets secondaires pour des doses importantes de vitamines E, si ce n'est l'augmentation de la pression sanguine lorsqu'elle est administrée en grande quantité à des gens qui ne sont pas habitués d'en prendre régulièrement ou à des cardiaques.

Vitamine A

C'est une vitamine hyposoluble, c'est-à-dire soluble dans l'huile ou le gras. On la retrouve sous deux formes: vitamine A déjà formée et concentrée dans certains tissus animaux (huile de foie de morue) et sous forme de carotène (carottes, brocoli, etc.).

La vitamine A favorise la croissance et la réparation des tissus, et aide à maintenir la peau douce et en bonne santé. Elle protège les muqueuses de la bouche, du nez, de la gorge, et des poumons contre l'infection. Elle aide aussi la formation des os, des dents, du sang et contribue à maintenir une bonne vision. Certains la croit aussi très utile pour renforcer le système nerveux.

La dose journalière recommandée est de 1 500 UI pour les bébés, 3 000 UI pour les enfants et 5 000 UI pour les adultes. Ces quantités peuvent être augmentées pendant les périodes de maladie, de traumatisme ou de lactation.

Les symptômes de toxicité sont les suivants: des nausées, des vomissements, des diarrhées, la peau sèche, la perte de cheveux, des démangeaisons et un gonflement du foie et de la rate.

Une mauvaise vision nocturne peut être due à une insuffisance de vitamine A.

Vitamine B (complexe)

Toutes les vitamines du complexe B sont des substances hydrosolubles, c'est-à-dire solubles dans l'eau. Le complexe comprend les vitamines B_1 (thiamine), B_2 (riboflavine), B_3 (niacine), B_6 (péridoxine), B_{12} (cyanocobalamine), B_{13} (acide orotique), B_{15} (acide pangamique), B_{17} (laétrile), biotin, choline, acide folique, inositol et du Paba (acide para-aminobenzoïque). Elles aident à produire de l'énergie pour le corps en convertissant les hydrates de carbone en glucose. Leur rôle est vital dans la *métabolisation* des gras et des protéines. Elles sont nécessaires pour harmoniser le système nerveux et certaines personnes croient qu'elles sont peut-être le facteur le plus important pour le maintien d'un système nerveux en bonne santé.

On les retrouve en quantités importantes dans la levure de bière, le foie, et les céréales à grain entier. En fait, la levure de bière en est la source la plus abondante. Les bactéries intestinales produisent aussi de la vitamine B, surtout avec la présence du lait. Le fait de prendre des antibiotiques pendant une longue période peut détruire ces bactéries; d'où l'importance de la levure de bière dans la reconstitution de la flore intestinale.

Il est important de se rappeler que **les vitamines du complexe B doivent être prises ensemble.** Leurs fonctions sont si interreliées que des doses massives de l'une d'entre elles seraient sans valeur thérapeutique, et pourraient même créer une carence chez les autres vitamines du groupe. Dans la nature, on ne trouve nulle part une vitamine B isolée de son complexe. Le stress, l'alcool, le café et la surconsommation d'hydrates de carbone prédisposent à une déficience de cette vitamine.

Vitamine B1 (Thiamine)
Elle agit comme co-enzyme et elle est nécessaire dans la transformation des hydrates de carbone en glucose. Elle se trouve dans l'enveloppe du riz, la levure de bière, l'avoine et le pain. Elle est facilement détruite par la chaleur, la pasteurisation du lait et l'excès de cuisson.

Vitamine B_2 (Riboflavine)

Elle résiste à la chaleur, à l'oxydation et à l'acide. Toutefois, elle se désintègre en présence des rayons ultra-violets du soleil. On la retrouve en si petites quantités dans la nourriture qu'il est souvent nécessaire d'en prendre en supplément. Des bonnes sources de riboflavine sont le foie, la langue et tous les organes. Il va sans dire qu'on la retrouve aussi en grande quantité dans la levure de bière.

Vitamine B_6 (Péridoxine)

Elle doit être présente pour la production d'anticorps, des globules rouges dans le sang et aide à régulariser le système nerveux. Les meilleures sources sont la viande et les graines. Une déficience peut se manifester par une certaine faiblesse musculaire.

Vitamine B_{12} (Cyanocobalamine)

Les protéines animales sont à peu près les seules sources naturelles de cette vitamine. Le foie en est le meilleur fournisseur ainsi que le poisson et les produits laitiers. Elle est nécessaire dans la *métabolisation* des tissus nerveux et elles est très efficace dans les traitements contre l'anémie.

L'acide folique

Cette vitamine augmente l'appétit, stimule la production d'acide hydrochlorique dans l'estomac et aide les cellules à se multiplier. Elle est facilement détruite par les hautes températures et une exposition prolongée à la lumière. On en retrouve dans les légumes verts, le foie et la levure de bière.

Inositol

Elle se trouve en grande quantité dans la lécithine. On la retrouve aussi dans les grains entiers, les agrumes, la mélasse et le foie. Elle protège le foie, les reins, le coeur et prévient le durcissement des artères. Elle est nécessaire à la croissance et à la survie des cellules à l'intérieur de la moelle osseuse, des membranes oculaires et des intestins.

Biotine

On la trouve dans les produits laitiers, le foie, les oeufs, et les légumes verts. Elle est importante dans la métabolisation des hydrates de carbone et des protéines en plus d'aider à décomposer les matières grasses.

Niacine

Elle aide la circulation et réduit le cholestérol dans le sang. Elle est vitale pour le bon fonctionnement du système nerveux et nécessaire pour la synthétisation des hormones sexuelles. On la retrouve dans les viandes maigres, le poulet, le poisson et les arachides.

Vitamine B_5 (Acide pantothénique)

Elle est utilisée dans la *métabolisation* des gras, des protéines et des hydrates de carbone. Son action est importante dans la formation de certaines hormones. On la retrouve dans le foie.

Vitamine B_{15} (Acide orotique)

Elle est utilisée en Europe dans le traitement de la sclérose en plaques. On la retrouve dans les racines végétales organiques, et dans la portion liquide du lait suri ou caillé (petit lait). Elle aide le métabolisme de l'acide folique et de la vitamine B_{12}.

Vitamine B_{17} (Laétrile)

Tirée des noyaux d'abricots, certains lui accordent le pouvoir de prévenir et de contrôler les effets du cancer. C'est le docteur Ernest Krebs qui l'utilisa thérapeutiquement le premier et la considéra comme une vitamine essentielle.

Choline

Sa source la plus importante est la lécithine, mais on la retrouve aussi dans le jaune d'oeuf, le foie, la levure de bière et le germe de blé. Elle empêche le gras de s'accumuler dans le foie et facilite son déplacement dans les cellules. Elle joue un rôle important dans la transmission des impulsions nerveuses.

Acide para-aminobenzoïque (PABA)

On retrouve cette vitamine dans le foie, la levure, le germe de blé et la mélasse. Le PABA stimule les bactéries intestinales. Il joue un rôle très important pour le maintien de la santé de la peau. On l'utilise en partie comme écran protecteur du soleil.

Vitamine C

Connue aussi sous le nom d'acide ascorbique, c'est une vitamine hydrosoluble. Elle est très sensible à l'oxygène et elle peut perdre tout son potentiel d'oxydation des enzymes si on l'expose à la lumière, à la chaleur ou à l'air.

Sa fonction première est la formation et le maintien du collagène, une protéine nécessaire à la formation des tissus de la peau, des ligaments et des os. Elle est importante dans la cicatrisation des blessures et des brûlures. Elle aide à former les globules rouges du sang et prévient les hémorragies. Elle augmente la résistance aux infections et aux maladies, c'est pourquoi on l'utilise souvent dans le traitement du rhume.

La vitamine C est présente dans à peu près tous les fruits et végétaux frais. On doit la consommer quotidiennement, le corps n'ayant pas la possibilité de la stocker. Étant donné qu'elle est très facilement détruite, il est préférable de l'absorber de la façon la plus naturelle, c'est-à-dire en mangeant les aliments qui la contiennent les plus crus possibles et en consommant l'eau qui a servi à la cuisson.

Les doses recommandées sont de 45 à 60 mg pour un adulte. Le stress, l'anxiété, les infections, les brûlures ou la fatigue augmentent sensiblement la consommation de cette vitamine. Certains traitements à doses massives vont jusqu'à recommander des doses allant de 5 000 à 15 000 mg par jour. Cette pratique toutefois peut entraîner de légers effets secondaires tels que petites sensations de brûlures durant la miction, des selles molles et des éruptions cutanées.

La manifestation la plus connue du manque de vitamine C est le scorbut, quoique des manifestations telles que l'allaitement pauvre, les gencives qui saignent, la tendance à *faire des bleus* facilement, les saignements de nez, l'anémie, la faible résistance aux infections peuvent aussi être des signes de carence de cet élément.

Vitamine D

Indispensable aux enfants, adolescents et femmes enceintes, elle favorise l'absorption du calcium. C'est un non-sens de prescrire des doses importantes de calcium sans être certain que celui-ci sera bien *fixé* grâce à la vitamine D.

C'est une vitamine hyposoluble. Elle s'accumule donc dans le corps si on en prend trop. En dose excessive, elle peut provoquer de l'hypertension, la perte d'appétit, des nausées, et une surcalcification des tissus du cœur. Toutefois, ces symptômes disparaissent en quelques jours si on arrête les doses massives. La dose minimum requise par jour est de 400 UI pour un adulte. Une dose massive de vitamine D peut aller de 300 000 à 800 000 UI par jour pour un adulte. Sa carence peut occasionner une mauvaise assimilation du calcium, une dentition déficiente et une coagulation sanguine trop lente.

On l'appelle la *vitamine soleil* parce qu'elle est le résultat de l'action du soleil sur un type de cholestérol contenu dans la peau. Cette vitamine est mieux utilisée par le corps si elle est prise conjointement avec de la vitamine A. On la retrouve principalement dans les huiles de foie de poissons et les produits laitiers (vitamine D ajoutée).

Vitamine E (Tocophérol)

Vitamine hyposoluble, elle est composée d'un groupe de substances qu'on nomme tocophérols. Il en existe sept formes dans la nature: alpha, beta, delta, epsilon, eta, gamma et zeta. La forme la plus courante et la plus utilisée est l'alpha tocophérol qu'on retrouve dans les huiles végétales pressées à froid, toutes les graines et noix crues et les fèves de soya.

Elle agit comme antioxydant et favorise la respiration cellulaire et le passage de l'oxygène dans le sang. On en fait des onguents pour la peau et elle entre dans la composition de nombreux produits de beauté. Elle a un effet bénéfique sur les organes reproducteurs; elle aide à rétablir la fertilité pour les femmes et la virilité pour les hommes.

Absorber des quantités excessives de gras polyinsaturés peut augmenter l'oxydation de la vitamine E, la rendant ainsi inefficace. Certaines hormones que l'on injecte aux femmes sont aussi des agents destructeurs de cette vitamine. Une carence peut signifier une pauvre performance musculaire et des problèmes digestifs: ulcères peptiques, etc. Une dose journalière de 15 à 100 UI est recommandée pour les adultes.

Vitamine K

Elle est hyposoluble et peut être manufacturée dans l'intestin en la présence de certaines bactéries. Elle joue un rôle important dans la coagulation du sang et peut être utilisée comme préservatif pour empêcher la fermentation des aliments. Les sources naturelles de cette vitamine sont les algues marines, le germe de luzerne, les végétaux verts à feuillage, les produits laitiers, la mélasse et les huiles de foie de poisson.

Une déficience peut entraîner des hémorragies, des saignements et des problèmes intestinaux. On pense qu'une alimentation normale peut fournir entre 300 à 500 microgrammes par jour, ce qui est considéré comme adéquat.

LES MINÉRAUX

Calcium

C'est le minéral le plus important dans le corps. La majeure partie se retrouve dans les os et les dents et le reste dans les tissus musculaires et nerveux. Pour être efficace, il requiert la présence du magnésium, du phosphore et des vitamines A, C, D. Il est important que le calcium soit pris avec le phosphore en proportion de 2,5 pour 1.

Ses fonctions majeures sont de former les os et les dents et de les maintenir en bonne santé. Il calme les insomniaques et aide à régulariser le rythme cardiaque. Il assiste la coagulation du sang, les contractions musculaires et joue un rôle important dans la transmission des influx nerveux.

On le retrouve dans tous les produits laitiers, les fruits de mer, les amandes, les figues, les choux, le cresson. On peut même se faire des jus à haute teneur en calcium en faisant bouillir des arêtes de poisson.

Pour être bien assimilé, le calcium a besoin d'acidité. S'il n'y a pas ou pas assez d'acide dans le corps, il ne sera pas dissout et va demeurer non utilisé. Seulement 20 à 30% du calcium ingéré est assimilé, le reste est éliminé dans les selles ou s'accumule dans les tissus et les articulations en y créant une variété de complications. Il est donc beaucoup mieux digéré s'il est absorbé sous forme de yogourt ou de lait caillé.

Une carence peut provoquer le rachitisme, des spasmes musculaires, l'irritabilité et l'insomnie. Rappelons-nous le fameux lait chaud absorbé au coucher, dans les familles...

Il est recommandé d'en prendre au moins 800 milligrammes par jour. Les femmes enceintes ou qui allaitent devraient porter la dose à 1 200 mg par jour. Il semble qu'avec l'âge, il soit nécessaire d'augmenter les doses, puisque la capacité d'absorption diminue. D'aillleurs une carence prolongée peut entraîner l'*ostéoporose*, qui est une décalcification excessive des os.

Phosphore

C'est le deuxième plus important minéral dans le corps et on le retrouve à l'intérieur de chaque cellule. Il joue un rôle important dans la transformation de la nourriture en énergie. Il aide à former les tissus, particulièrement ceux du cerveau, et stimule les contractions musculaires.

Les aliments riches en phosphore sont les viandes, les poissons, la volaille, les œufs, les grains entiers, les graines et les noix.

On recommande d'en prendre 800 mg tous les jours. Il n'est pas toxique et une insuffisance peut entraîner des troubles nerveux, de la fatigue et une perte ou un gain de poids.

Magnésium

Presque 70% des réserves sont situées dans le squelette. Il active les enzymes nécessaires à la *métabolisation* des hydrates de carbone et des acides aminés. Son rôle est important dans les contractions neuromusculaires.

On le trouve dans les végétaux verts, la chlorophylle, le germe de blé, le maïs, les pommes et les amandes. Il peut être toxique s'il se retrouve dans le corps en grande quantité surtout si le taux de calcium est bas et le taux de phosphore haut.

Une déficience peut entraîner des maladies cardiaques, et des dépots de calcium aux reins, dans les vaisseaux sanguins et le coeur. On note aussi une certaine désorientation ou confusion et même des convulsions chez les alcooliques en carence de magnésium.

La dose journalière recommandée est de 350 mg pour l'homme adulte et 300 mg pour la femme adulte.

Potassium

On le retrouve dans les fluides intra-cellulaires. Il constitue 5% du contenu total du corps. Il est nécessaire à la croissance, aide les contractions musculaires et protège l'équilibre alcalin des fluides. Il est influencé par les chocs nerveux et les décharges d'insuline qui déclenchent sa fuite. Une carence peut entraîner des faiblesses musculaires, des crampes, l'irritabilité et des troubles cardiaques. Étant donné que le potassium et le sodium sont étroitement liés, une trop grande consommation de sel peut déséquilibrer le potassium.

Certaines autorités suggèrent que 2 000 à 2 500 mg de potassium devraient être absorbés journellement car il n'est pas toxique. Pendant un régime amaigrissant, il est souvent recommandé d'en prendre en supplément.

Sodium

À peu près 50% de la totalité du sodium du corps se retrouve dans les fluides extra-cellulaires et le reste dans les os. Il aide à régulariser l'équilibre de l'eau dans le corps et il empêche les dépôts de minéraux dans le flux sanguin.

Communément appelé sel, utilisé à l'excès pour *relever* les plats et leur donner du goût, il peut causer de l'hypertension et une rétention d'eau inutile qui entraîne une augmentation de poids et l'obésité. Si on désire perdre du poids on aurait intérêt à le mettre de côté, car l'élimination des graisses et des toxines se fera alors beaucoup plus facilement et régulièrement.

Le Nord-Américain moyen consomme quotidiennement de 3 à 7 g de sodium, ce qui excède de beaucoup le besoin journalier. Même s'il n'y a pas de dose minimum requise pour le sodium, on recommande d'en limiter la consommation à 1 g par kg d'eau absorbé.

Les carences sont presque impossibles étant donné son abondance dans à peu près tous les aliments. Les sources les plus riches sont les charcuteries, les fromages et les fruits de mer.

Iode (Iodine)

C'est un minéral dont on retrouve des *traces* (très petites quantités) dans le corps. Il est important dans le développement et le fonctionnement de la glande thyroïde. L'iode régularise la production d'énergie, promeut la croissance et stimule le rythme métabolique. Une carence pourrait résulter en un élargissement de la glande thyroïde (goitre) et un état qu'on appelle hypothyroïdie où le rythme de sécrétion des hormones de la thyroïde est très lent. Une insuffisance d'iode peut aussi mener au durcissement des artères, à l'obésité, à des palpitations cardiaques, à l'irritabilité et à des manifestations d'impatience.

L'iode (iodine) est plus difficile à trouver à l'état naturel. À part les algues marines qui en contiennent beaucoup, on en retrouve dans les champignons (qui ont poussé dans un sol riche en iodine), dans la viande brune de dinde, dans la chair de lièvre et de tortue. Elle n'est pas toxique si on l'absorbe sous forme d'aliments (capsules d'algues marines). La proportion suggérée est de 1 microgramme d'iodine par kilogramme de poids pour tous les adultes.

Fer

Il est particulièrement concentré dans le sang. Sa fonction première est de se combiner avec le cuivre et les protéines pour fabriquer l'hémoglobine. L'hémoglobine est la substance du sang qui transporte l'oxygène des poumons jusqu'aux tissus. Un manque de fer provoque l'anémie qui consiste en une baisse du taux de globules rouges dans le sang. Les femmes, à cause du cycle menstruel, ont une tendance chronique à l'anémie, c'est pourquoi il leur est recommandé de prendre des suppléments.

On recommande aux femmes des doses de 18 mg par jour et aux hommes de 10 mg par jour. Le besoin en fer augmente pendant les menstruations, les hémorragies, les périodes de croissance rapide et de maternité.

Autres minéraux

Tous les autres minéraux tels que **le béryllium, le cadmium, le chlorite, le chromium, le cobalt, le cuivre, le fluor, le plomb, le manganèse, le mercure, le molybdène, le nickel, le sélénium, le souffre, le vanadium** et **le zinc** se retrouvent en traces dans ce qu'on appelle les *oligo-éléments* et il serait trop long ici de tous les énumérer.

Pour les personnes qui désirent prendre des suppléments de vitamines et de minéraux, il n'est pas toujours facile de faire un choix. Les petits trucs qui suivent pourront peut-être vous aider.

Disons pour débuter que l'être humain peut être séparé en trois parties: **le pôle tête** (la tête et le cou), **le tronc ou système rythmique** (du bas de la gorge jusqu'au nombril), et **le système moteur/digestif** (les intestins, les organes génitaux et les jambes).

Le pôle tête correspond au système nerveux et tout ce qui s'y rattache: peau, nerfs, etc., le système rythmique concerne plutôt le système immunitaire, l'oxygénation et la circulation sanguine et, quant au système moteur/digestif, est intimement lié à la digestion, aux intestins et aux muscles.

En tenant compte de cette division, on peut faire la répartition des vitamines et des minéraux de la façon suivante:

Vitamines: A/B, C/D, E/K.

Minéraux: calcium/phosphore, magnésium/potassium, oligo-éléments (incluant le fer et l'iode).

Si on fait le rapprochement entre la triple division de l'être humain et des vitamines/minéraux, on obtient:

	Vitamines	**Minéraux**
Tête:	A, B	calcium/phosphore
Tronc:	C, D	magnésium/potassium
Intestins/jambes:	E, K	oligo-éléments

Il s'agira donc pour vous d'identifier à quelle partie du corps est liée la fonction que vous désirez renforcer avec les suppléments. Si par exemple vous désirez *nourrir votre système nerveux*, posez-vous la question suivante: où est le siège de mon système nerveux? Réponse: *la tête*. Les suppléments à prendre seront donc *les vitamines A et B* en plus *du calcium et du phosphore*.

Si vous désirez *nourrir vos muscles ou stimuler votre virilité*, posez-vous la question suivante: où est la source de ma virilité et de mon système musculaire? Réponse: *le système moteur/digestif*. Les suppléments à prendre seront donc: *les vitamines E et K* et *les oligo-éléments*.

Rien ne peut remplacer une alimentation bien équilibrée, surtout si elle respecte les règles des bonnes combinaisons alimentaires. La nourriture bien digérée et surtout bien assimilée, fournira au corps toutes les vitamines et les sels minéraux dont il a besoin. Toutefois, les gens qui suivent un régime amaigrissant pourraient avoir momentanément re-cours à des suppléments alimentaires. Utilisez-les sage-ment, et selon les posologies. Il ne s'agit pas de ne rien avaler d'autre qu'une poignée de vitamines en pensant avoir bien dîné. Rappelez-vous que les vitamines agissent comme co-enzymes et ont besoin d'une base (nourriture) pour être efficaces.

6. Énergie et nutrition

«Le Prâna est au yoga ce que l'électricité est à notre civilisation. Imaginons que la machine à remonter le temps de Wells nous mette en présence d'un yogi, deux mille ans avant notre ère. Imaginons que nous lui décrivions notre civilisation, avec les avions, le téléphone, la radio, la télévision, les aspirateurs, les frigos, les voitures, sans oublier les satellites et les fusées spatiales, en passant par les lampes de poche, les cerveaux électroniques, les tramways et les mixers, mais en "oubliant" de lui parler de l'électricité: il aurait une vue bien faussée de notre civilisation. Il ne comprendrait rien à son moteur essentiel, cette énergie électrique qu'il nous arrive par ailleurs d'oublier, sauf en cas de panne de courant!»

André Van Lysebeth

Il semble quelquefois que nous ayons perdu la notion réelle de «pourquoi nous mangeons.» Nous avons développé tout un cérémonial autour de la nourriture. Nous ne mangeons plus pour vivre, mais nous vivons pour manger.

N'importe quelle occasion devient un prétexte: un anniversaire, une promotion, pour discuter d'affaires, pour se détendre, sans parler du traditionnel souper de famille à Noël, au Jour de l'An ou à Pâques. Et que dire de ceux qui mangent pour combler un vide, parce qu'ils s'ennuient, parce qu'ils ont peur ou qu'ils sentent une certaine insécurité. Les raisons pour lesquelles chacun mange comme il le fait sont personnelles et nous ne portons aucun jugement. Mais, occasionnellement, il est bon et essentiel même de faire un retour à la source et de revoir ses priorités. Nous avons tous besoin d'énergie pour vivre. Sans énergie, plus rien n'existe. L'énergie ne se perd ni ne se crée, elle se transforme. Les feuilles mortes tombées au sol pourrissent et fournissent de l'engrais pour les autres plantes; la bûche qui brûle cède de la chaleur. Les animaux meurent et servent de nourriture aux autres animaux qui, à leur tour, meurent et deviennent aussi de la nourriture pour d'autres. C'est la loi de la nature et elle s'applique aussi à nous; la nourriture que nous mangeons nous apporte l'énergie qui nous permet de vivre. C'est à cette loi qu'il faut penser quand on mange: **adopter des habitudes alimentaires qui nous permettent d'avoir accès à la meilleure qualité d'énergie possible et pouvoir l'utiliser au maximum**.

Dans les vingt dernières années, les habitudes et les philosophies asiatiques, orientales et hindous ont considérablement influencé notre civilisation occidentale. De la spiritualité aux arts martiaux, tout y a passé. Même cette digne science dite moderne se penche maintenant sur des pratiques qui, antérieurement, étaient perçues comme *quelque peu bizarres* et dont on préférait laisser l'usage aux gens *différents*.

Perçues comme marginales avant, toutes ces techniques *du Nouvel Âge* sont devenues aujourd'hui très à la mode. C'est pourquoi nous pensons qu'il est important, dans cet ouvrage, de vous exposer l'approche *énergétique* de la nutrition. Peut-être qu'en éveillant en vous des intérêts qui n'existaient pas avant, ou en vous aidant à voir les choses d'un oeil différent, serez-vous plus motivé pour effectuer les changements qui s'imposent pour atteindre la santé.

Le Yoga qul a peut-être eu l'impact le plus important chez nous, nous parle entre autres choses de **Prâna** et de **Chakras**. Il nous dit qu'un bon contrôle de ces éléments peut changer notre vie. Voyons donc de plus près ce qui se passe.

Swami Sivananda dit que: «Prâna est la somme totale de toutes les énergies contenues dans l'univers.» Les yogis nous disent aussi que:

> «Le prâna est présent dans l'air et pourtant il n'est ni l'oxygène, ni l'azote, ni aucun des constituants chimiques de l'atmosphère. Le prâna existe dans la nourriture, dans l'eau, dans la lumière solaire, et cependant il n'est ni les vitamines, ni la chaleur, ni les rayons ultraviolets. L'air, l'eau, les aliments, la lumière solaire véhiculent le prâna dont dépend toute vie animale ou même végétale. Le prâna pénètre tout le corps, même là où l'air ne le peut. Le prâna est notre véritable nourriture, car sans prâna aucune vie n'est possible. Le dynamisme vital lui-même ne serait qu'une forme particulière et subtile du prâna qui emplirait tout l'univers. La vie latente imbiberait ainsi le cosmos tout entier et, pour se manifester sur le plan matériel, l'esprit se servirait du prâna pour animer le corps et ses divers organes.»[1]

---

[1] Van Lysebeth, A., Pranayama, la dynamique du souffle, (Belgique: Éd. Flammarion, 1981), p. 17.

Dans les laboratoires de biologie, on pense que les phénomènes électriques ont une importance capitale. Les biologistes affirment que le fait de manger et de bouger produit de l'électricité, et qu'elle pourrait représenter ce qu'on appelle la *force vitale*. Nous sommes en droit de nous demander, disent-ils, si ce qu'on appelle la force vitale ne serait pas représenté surtout par ce potentiel électrique et, lorsque nous disons, quand nous sommes fatigués: *mes batteries sont à plat,* si cette expression ne pourrait pas être prise presque au sens littéral. Ce prâna nous entoure et nous pénètre. Pour emmagasiner cette énergie, le corps doit utiliser des organes d'absorption du prâna qui sont situés principalement, et par ordre d'importance, dans les terminaisons nerveuses des fosses nasales, les alvéoles pulmonaires, la langue et la peau.

Étant donné que le thème qui nous intéresse est la nutrition, nous ne parlerons ici que de l'énergie qui est absorbée par la langue.

Les yogis associent le prâna au goût. Non qu'ils croient que la saveur c'est le prâna, mais seulement qu'il en indique la présence. Tant et aussi longtemps que les aliments ont du goût, disent-ils, c'est qu'il y a encore du prâna à en extraire. Donc, quand les experts en nutrition conseillent de bien mastiquer la nourriture pour qu'elle soit plus facile à digérer, ils appliquent, sans doute sans le savoir, cette théorie. Selon l'optique du yogi, si la nourriture n'est pas mastiquée jusqu'à ce qu'elle devienne insipide, il y a perte de prâna, car tout au long du tube digestif il n'existe plus d'autres endroits où le prâna puisse être absorbé. La nourriture digérée pourra sans aucun doute reconstituer le corps physique, mais le prâna perdu ne pourra pas agir sur le corps énergétique.

Après ce qui vient d'être dit, la situation suivante illustre bien cette théorie: lorsqu'après une demi-journée de travail particulièrement épuisante vous vous sentez las, que *les batteries sont à plat*, vous avalez de la nourriture et, presque aussitôt, vous vous sentez ragaillardi et prêt à reprendre le travail. L'impression que nous gardons devant cette situation est que la nourriture a fait son effet (grâce au processus de la digestion) et nous a redonné des forces. Or, le seul *hic* ici est que la digestion pour avoir lieu nécessite deux à trois heures et que son effet ne peut donc se faire sentir aussitôt la nourriture ingérée. Il apparaît logique alors de penser que la source de l'énergie libérée dans le cas présent puisse provenir de l'action de la mastication qui a libéré le prâna. Le prâna, à son tour a été instantanément absorbé par la langue et transféré au *corps prânique.*

On décrit le corps prânique (ou corps éthérique) comme étant le double du corps physique. Ce double correspond en tous points au corps physique. Les sensitifs qui peuvent percevoir ce double affirment que si une blessure ou une maladie se manifeste dans le corps physique, elle existe aussi dans le corps éthérique. Ils prétendent aussi qu'une maladie en train de se développer peut être perçue dans ce double avant que la personne n'en ait les premières manifestations.

Les corps physique et prânique sont reliés par ce qu'on appelle en sanskrit (langage sacré hindou) des *chakras,* mot qui signifie roue ou tourbillon. Il existe 7 roues et chacune représente une vraie petite centrale d'énergie. Elles sont situées à la base du sacrum, au pubis, au nombril, au coeur, à la gorge, entre les sourcils et sur le dessus de la tête. Chaque chakra a une fonction bien définie sur le corps physique. Nous ne parlerons ici que du chakra qui nous intéresse, c'est-à-dire celui du plexus solaire (nombril).

Partout dans la nature, pour qu'il y ait bon fonctionnement il doit y avoir harmonie. Nous ne faisons pas exception à cette règle. Ces chakras fonctionnent en harmonie les uns avec les autres. Si pour une raison ou une autre, on sur-utilise un des chakras, il se crée un blocage. Un blocage peut correspondre soit à une congestion soit à une défi-cience d'énergie à l'intérieur de ce plexus.

Le chakra du plexus solaire correspond aux glandes sur-rénales et harmonise les émotions, le système nerveux, la digestion et le système d'assimilation. À la suite d'une vio-lente émotion, il se bloque et toutes les fonctions physiolo-giques qui s'y rattachent sont perturbées. C'est pourquoi il est si important d'être de bonne humeur à table.

Les mauvaises combinaisons alimentaires qui mènent à l'indigestion peuvent aussi créer un blocage de ce chakra. Il se crée alors une sorte de cercle vicieux: le chakra étant blo-qué, la digestion et l'assimilation deviennent encore plus pénibles et, si la situation perdure, cela peut mener éven-tuellement à l'embonpoint.

Le contrôle de la respiration intervient très efficacement dans ces deux cas et, plus particulièrement, un exercice ap-pelé en sanskrit «Kapâlabhâti», mot qui se traduirait par: *res-piration nettoyante*.

Vous trouverez dans ce qui suit assez d'informations sur la technique pour vous permettre de la mettre en pratique immédiatement. Toutefois, ceux qui désirent avoir la techni-que détaillée peuvent se référer au merveilleux ouvrage de André Van Lysebeth intitulé *Pranayama, la dynamique du souffle* aux Éditions Flammarion.

>*«Kapâlabhâti consiste en rafales brèves d'ex-pulsions d'air forcées, chaque fois suivies d'une inspiration passive. À l'inverse de la respiration habituelle où l'inspiration est active et l'expira-tion passive, dans cet exercice, c'est le contrai-re, c'est l'expiration qui devient active et brutale*

même tandis que l'inspiration, elle, devient passive.»(1)

L'exercice peut être pratiqué debout, mais c'est surtout la position assise sur les genoux qui offre le plus de confort. La colonne vertébrale doit être droite avec la tête en équilibre. Le thorax doit demeurer aussi immobile que possible pendant tout l'exercice. Tout mouvement actif, volontaire, du thorax est à éviter. La sangle abdominale qui comprend les muscles sous la région du nombril est le moteur de l'exercice.

Pour commencer, placez-vous dans la position à genoux, assis sur les talons avec les mains reposant sur les cuisses, redressez la colonne, bloquez le thorax qui est bombé et concentrez-vous sur ce qui se passe dans votre abdomen. Le centre de gravité du tronc est placé dans le bas-ventre, juste en dessous du nombril. Maintenant, relâchez la sangle abdominale jusqu'à ce que le ventre fasse saillie, et contractez-la brusquement. Cette contraction va provoquer l'expulsion brutale d'une certaine quantité d'air. Relâchez aussitôt la sangle de sorte que le ventre fasse à nouveau saillie en même temps qu'une certaine quantité d'air entre dans les poumons, passivement et sans bruit. L'exercice complet de *Kapâlabhâti* consiste en une succession rapides de telles expulsions brusques suivies d'une inspiration passive.

Pour savoir s'il y a suffisamment d'énergie utilisée lors de l'expulsion, dirigez votre regard vers nos narines: au moment de l'expulsion, si cette dernière est assez brusque, vos narines vont s'écarter nettement, d'un coup. Elles ne bougent pas pendant l'inspiration. Dans cet exercice, c'est la partie sous-ombilicale de la sangle qui est principalement en

---

(1) Lysebeth, A. Van, Pranayama, la dynamique du souffle, (Belgique: Éd. Flammarion, 1981), pp. 18-19.

action. Rappelez-vous que ce n'est pas la quantité expulsée qui compte, mais la puissance du jet.

La vitesse d'exécution doit être augmentée très progressivement. Au début, on accélère jusqu'à 60 expirations par minutes. Quand on contrôle bien l'exercice, on peut monter jusqu'à un maximum de 120 expirations à la minute. L'inspiration doit durer au moins trois fois le temps de l'expulsion. Pour faire une bonne mesure dans un entraînement progressif il serait bon d'ajouter 10 expulsions chaque semaine jusqu'à un maximum de 120 par minute. Trois séries de 120 expulsions entrecoupées d'un repos d'une minute constituent un exercice confortable.

Cet exercice est contre-indiqué à toute personne souffrant d'une maladie pulmonaire diagnostiquée. Il est recommandé aux cardiaques qui désirent pratiquer *Kapâlabhâti*, de le faire avec une grande prudence, en procédant très progressivement, seulement avec l'accord de leur médecin.

RÉCAPITULATION:

Position
- À genoux, assis sur les talons.
- La colonne est bien droite.
- La tête est en équilibre.
- Le thorax bombé est immobile pendant l'exercice.

Exercice
- La contraction soudaine et vigoureuse des muscles abdominaux expulse l'air.
- Le relâchement freiné des muscles de l'abdomen déclenche l'inspiration passive.
- Le visage et les narines sont détendus pendant l'inspiration.
- L'inspiration est trois fois plus longue que l'expulsion.

- Pratiquer l'exercice progressivement pour en arriver à trois séries de 120 expulsions par minute.
- Se reposer une minute et recommencer.

Les erreurs les plus communes sont:
- Faire participer le thorax à l'exercice.
- Ne pas garder la colonne droite.
- Sacrifier la force du jet d'expulsion au bénéfice de la vitesse.
- Rétracter le ventre.
- Être distrait pendant l'exercice.
- Soulever les jambes.

La pratique régulière de Kapâlabhâti procure de nombreuses améliorations:
- La succession rapide d'expulsions d'air de cet exercice parvient à vider totalement les poumons de l'air vicié qui reste après les expirations normales. Cela constitue donc un procédé de nettoyage complet des poumons.
- À cause du rejet massif et temporaire, dans le sang, de CO_2 produit par cet exercice, il s'ensuit un décrassage total de l'organisme.
- Pendant l'exercice, le sang se sature d'oxygène et, ainsi, stimule la respiration cellulaire. Cette dernière se manifeste par une sensation de chaleur dans tout le corps. On sait que la stimulation des échanges et de la respiration cellulaire favorise l'amaigrissement.
- Il aide à recycler et à réoxygéner le sang veineux plus rapidement.
- Il purifie et entretient la souplesse de l'éponge pulmonaire en rendant les échanges plus actifs.
- Il entretient la mobilité et la souplesse du diaphragme.
- De plus, l'activité de la sangle abdominale pendant l'exercice tend à éliminer les dépôts de graisse sur la paroi de l'abdomen. L'oxydation engendrée par la pratique régulière de *Kapâlabhâti* tend à faire dispa-

raître les tissus indésirables tels que la cellulite et les excédents de graisse.

- Il tonifie et masse physiologiquement tous les organes à l'intérieur de l'abdomen, particulièrement le tube digestif et ses glandes annexes. Tout en rendant la digestion plus active, *Kapâlabhâti* active le mouvement péristaltique intestinal et lutte ainsi contre la constipation, ce qui est un facteur important d'amaigrissement.
- Il constitue un tonique sans pareil pour l'ensemble du système nerveux.
- Par le véritable torrent sanguin qu'il fait circuler dans le cerveau, il rince ce dernier, l'irrigue et en fait ouvrir tous les capillaires. Il vivifie toutes les cellules cérébrales, notamment les glandes endocrines enfermées dans le cerveau dont le rôle est important dans la régulation du poids et les habitudes alimentaires.(1)

Ce chapitre ne donne qu'un très bref aperçu de la dimension ésotérique et énergétique de l'être humain. Mais cette approche ayant été d'une aide très précieuse dans le développement personnel et au cours de certaines situations pénibles dans la vie de l'auteur de ces lignes, nous avons jugé utile d'en faire part à nos lecteurs. À tous ceux dont la curiosité à pu être éveillée par ces propos, nous conseillons vivement une lecture plus approfondie des différents ouvrages qui traitent de ces sujets, soit dans le domaine de l'ésotérisme, soit dans celui de la santé holistique.

---

(1) Lysebeth, A. Van, Pranayama, la dynamique du souffle, (Belgique: Éd. Flammarion, 1981), p. 202.

7. Combinaisons alimentaires et végétarisme

Le végétarisme est une pratique alimentaire qui provient principalement de l'Inde. Les tenants de cette philosophie qui s'est surtout développée à travers le yoga refusent de consommer de la chair animale. Ils croient, par cette pratique, favoriser leur évolution spirituelle et développer une meilleure santé.

Le principe avancé ici est que plus une espèce se trouve proche de la nôtre et plus il est criminel de la tuer pour la manger. Pour eux, manger de la viande rend agressif car pour se procurer cette viande, il faut poser des gestes de violence, ce qui va à l'encontre de leurs croyances spirituelles. Ils croient aussi que l'animal, au moment où il meurt, émet des *ondes* nocives qui, restant imprégnées dans la chair, sont éventuellement transmises aux gens consommant cette viande. Ces ondes nocives correspondent à l'anxiété et à la peur que vit l'animal au moment de sa mort et durant les instants qui précèdent sa mort.

Les raisons pour devenir végétarien sont nombreuses et vont du respect de l'écologie jusqu'aux raisons économiques, médicales et morales. Des études ont démontré qu'il existait dans la viande un taux d'insecticide douze fois supérieur à celui contenu dans les légumes et les céréales. Ingérés régulièrement et sur une longue période, ces déchets peuvent s'accumuler dans l'organisme et constituer des poisons. On lie de plus en plus le haut taux de maladies cardio-vasculaires à une surconsommation de viandes grasses telles que le porc et le boeuf. La qualité de ces mêmes viandes devient de plus en plus douteuse. Il suffit de penser ici à tous les antibiotiques que l'on injecte inutilement aux animaux, *comme précaution*, contre des maladies éventuelles — ces injections n'étant pas, la majorité du temps, faites avec le contrôle d'un vétérinaire, mais bien par les éleveurs eux-mêmes avec une compétence douteuse en matière de dosage et de fréquence.

Les végétariens invoquent aussi des arguments écologiques et économiques — tels ceux avancés dans l'ouvrage de Frances Moore Lappé, *Sans viande et sans regrets*, où il est démontré, statistiques à l'appui, que l'élevage du bétail entraîne une surconsommation de céréales et, donc, une surexploitation des terres arables. Il y est dit qu'aux États-Unis seulement on utilise, pour nourrir le bétail, plus de la moitié de toutes les récoltes de céréales, et que ces énormes quantités d'avoine et de soya pourraient nourrir tous les humains de la planète, si on leur fournissait à chacun une tasse quotidienne de céréales cuites.

Maintenant, dans quelles circonstances ces pratiques se sont-elles développées? Il faut se rappeler que le végétarisme provient de l'Inde qui est, en majeure partie, un pays chaud. À cause justement de ce climat, conserver de la viande était alors à peu près impossible. C'était un cas de force majeure. Les habitants ont dû apprendre à survivre en utilisant les ressources mises à leur disposition par la nature. Ils ont développé la culture des fruits, des légumes et des céréales et en ont fait leur principal moyen de subsistance.

Partout dans les pays chauds on favorise une alimentation végétarienne. Ne sommes-nous pas instinctivement portés, pour faciliter la digestion, que la chaleur dérange, à augmenter notre consommation de fruits et de légumes tout en délaissant les repas lourds et difficiles à digérer?

D'un autre côté, il aurait été impossible, sur le sol canadien, aux premiers colons et aux Amérindiens de survivre en hiver si ce n'avait été des produits de la chasse. Les grands froids hivernaux qui rendaient toute culture impossible leur permettaient alors de conserver le gibier abattu et ainsi d'en faire des réserves. Le climat difficile et la vie rude auxquels ils avaient à faire face imposaient une nourriture riche et grasse qui leur permettait d'accumuler, dans l'organisme, les réserves de graisse qui les protégeaient du froid. Ces réserves pouvaient aussi les aider à répondre à une plus grande dépense énergétique et leur permettre de survivre pendant les périodes de famine qui n'étaient pas rares à l'époque.

Partout dans le monde, les habitudes alimentaires, les religions, les politiques gouvernementales se sont développées en fonction des besoins et des demandes spécifiques imposés par l'environnement. Il est, pour cette raison, assez difficile d'avancer que telle ou telle façon de manger est supérieure à une autre, que l'une freine la spiritualité ou qu'une autre engendre l'agressivité.

Les Indiens d'Amérique du Nord, grands consommateurs de viande, étaient, du moins dans notre perspective, un peuple agressif, mais cependant très intuitif et spirituel. Ce qui prouve que l'agressivité n'entrave pas obligatoirement le développement de l'esprit. Par agressivité, nous n'entendons pas nécessairement la violence, mais plutôt une affirmation décidée dans la manifestation d'un besoin. Être complètement dénué d'agressivité est un déséquilibre aussi important que d'en avoir trop.

Comme l'affirme Jean-Louis Victor dans son livre intitulé *Vivre, un métier qui s'apprend*, au sujet de ce qui précède:

> «*S'il n'en tenait qu'à ça, les vaches norman-des qui ne broutent que de l'herbe seraient tou-tes des yogis et les Esquimaux d'Amérique qui ne se nourrissent que de poissons n'auraient ja-mais aucune chance d'atteindre l'évolution spi-rituelle.*»

Il est intéressant aussi de savoir que, dans la nature, au-cun animal herbivore n'est purement végétarien. En man-geant de l'herbe, ils avalent les insectes qui s'y trouvent, ce qui leur fournit ainsi des vitamines et minéraux supplémen-taires.

C'est de nos ancêtres que nous tenons nos habitudes ali-mentaires, donc, pour nous Québécois, une alimentation qui est en majeure partie composée de viande et d'ami-dons. Notre organisme habitué à ce régime pourrait réagir fortement — très mal même — si on lui imposait brusque-ment une alimentation végétarienne. Pour ces mêmes rai-sons, il est recommandé à quiconque désire adopter ce mode de vie de le faire de façon progressive, en éliminant en premier la viande rouge, puis la viande rose, ensuite la volaille et finalement le poisson. Certaines personnes pen-sent même que cette progression devrait s'échelonner sur une période de cinq ans au moins pour permettre à l'orga-nisme de bien s'adapter et éviter ainsi les carences.

Mis à part l'aspect plus que discutable de l'évolution spiri-tuelle, en ne s'en tenant strictement qu'au plan de la santé, nous préconisons une alimentation à tendance végétarienne. L'abus de viande mène à l'intoxication et à l'accumulation de gras dans le sang, ce qui entraîne des résultats désastreux pour l'organisme. Toutefois, un repas carné par jour ou même tous les deux jours est très acceptable surtout si l'on compense par des produits laitiers ou des œufs.

Le régime végétarien est, sur certains points, incompatible avec celui des combinaisons alimentaires. Le problème qui se pose est celui d'obtenir des protéines **complètes** (voir chapitre des protéines) tous les jours pour éviter les carences. Dans le régime végétarien, pour obtenir des protéines complètes, on doit combiner **dans un même repas,** des aliments constitués de protéines incomplètes, pour que la carence des uns soit comblée par la richesse des autres.

Mais ces combinaisons peuvent être contre-indiquées par le régime hygiéniste. Les Végétariens semblent toutefois démontrer qu'il est possible d'y arriver, mais pour cela ils doivent faire preuve de beaucoup de doigté et d'une solide connaissance de l'alimentation.

Shelton recommande de boire le lait seul et, idéalement, de ne pas en boire du tout, tandis que les Végétariens conseillent de le combiner soit avec des céréales soit avec des légumineuses. Ils préconisent aussi l'utilisation des céréales (amidons) avec des légumineuses (protéines) et des céréales avec les noix et les graines qui sont aussi des amidons avec protéines, ce qui est déconseillé par Shelton. Les profanes qui veulent débuter dans cette voie ne savent plus quel parti prendre devant ces complications et risquent des carences et le découragement. N'oublions pas que les effets d'une déficience prolongée en protéines peut se faire sentir seulement quelques mois plus tard. Sans parler ici non plus du cas de la fameuse vitamine B_{12} que l'on retrouve presque exclusivement dans les substances animales et dont sont démunis presque tous les Végétariens les plus stricts qui ne consomment ni œufs ni produits laitiers.

Notre but n'était pas de critiquer la pratique du végétarisme ni de la présenter comme la seule alimentation valable, mais simplement de vous faire réfléchir sur le sujet. Nous nous imposons, quant à nous, une alimentation à prédominance végétarienne pour les raisons exposées précédemment. Nous pensons qu'une alimentation bien équilibrée et bien adaptée aux besoins spécifiques de chacun reste encore la meilleure voie à suivre. Un organisme dont le système de digestion et d'assimilation est bien entretenu par l'utilisation des bonnes combinaisons alimentaires pourra se débarrasser, de lui-même, des dépots toxiques contenus dans la viande, surtout si elle a été ingérée de façon modérée.

Si le végétarisme fait la promotion de la santé et de la longévité, que penser de nos grands-parents centenaires, mangeurs de viande, des gens paisibles et calmes qui vivent encore aujourd'hui et affichent toujours une vitalité qui pourrait faire rougir plusieurs d'entre nous, beaucoup plus jeunes? Ces gens n'ont pas de recette magique, ils ont tout simplement su adapter leur alimentation aux besoins qu'ils ont pu reconnaître en eux et les respecter. À nous de reconnaître les nôtres.

8. La santé avant tout!

En observant autour de nous, il devient de plus en plus évident que nous avons délaissé *la Fontaine de Jouvence* (source magique dont l'eau avait la propriété de prolonger la vie), non par sagesse, mais seulement pour la remplacer par un autre élixir de vie: *les aliments miracles*.

D'après les Hygiénistes sheltoniens, les fabricants de ces aliments miracles nous assurent qu'en consommant de grandes quantités de protéines de qualité supérieure, de la levure de bière, du lait écrémé en poudre, du yogourt, de la *mélasse blackstrap*, du miel, du vinaigre, du pollen, de la gelée royale, du ginseng, etc., nous prolongerons notre vie.

Plutôt que de nous informer et de nous dire la vérité sur la meilleure façon de nous nourrir, on nous offre des suppléments pour compenser les déficiences causées par un régime sans substance. Au lieu de nous inciter à abandonner la consommation de sucre blanc, de pain blanc, de riz blanc, de céréales dénaturées, de légumes en boîtes, de fruits sulfurés, de viandes toxiques, de lait pasteurisé, de bonbons, de gâteaux et de tartes de toutes sortes, on nous recommande de compenser par des suppléments synthétiques, le *vide* laissé par ces aliments sans valeur.

Après avoir abandonné tout espoir de découvrir quelque part **la** potion magique leur assurant une longue vie — en dépit du fait qu'ils font tout pour mourir jeunes — certaines personnes se tournent vers de nouvelles techniques telles que les extraits de glandes, les transplantations de glandes ou d'organes de toutes sortes avec des résultats toujours aussi infructueux.

Aussi longtemps que l'homme n'abandonnera pas sa quête frénétique de la nourriture magique, il est pour lui inutile d'espérer aborder sainement le problème de la nutrition.

On s'attend maintenant à ce que le produit alimentaire concentré et naturel joue le rôle que nous attendions jadis du médicament. On voudrait maintenant, bien naïvement d'ailleurs, que ces aliments nous guérissent sans qu'il soit nécessaire de changer notre train de vie effréné et d'éliminer les causes de la maladie.

Les promoteurs de ces aliments prétendument miraculeux nous invitent à ingurgiter des protéines, et encore des protéines. Il soulignent que le lait écrémé en poudre est une abondante source de protéines, que la levure, en plus de contenir dix-sept vitamines, offre aussi une belle qualité de protéines. Ils nous vantent les mérites de la *mélasse black-strap*, si riche en vitamines et minéraux de toutes sortes. Leurs régimes consistent à bourrer l'organisme de protéines, de multivitamines et de minéraux — des "mega doses" comme ils disent. «Bourrez-vous-en à l'excès, semblent-ils ajouter, comme ça vous êtes sûrs de ne pas en manquer!» Il ne semble pas y avoir grand-chose d'autre que les aliments dans la vie pour ces personnes. Pensent-elles donc que l'homme vit seulement de pain? La nourriture seule ne peut faire vivre jusqu'à cent ans.

Le problème de l'alimentation en Amérique du nord est principalement dû au fait que les gens refusent de consommer de véritables aliments naturels. Le public en général aime mieux les produits raffinés et traités dans lesquels il ne reste presque plus de vitamines ni de sels minéraux mais qui, avant tout, ont un goût agréable. Voilà là une des sources du problème de l'alimentation qui ne pourra être résolu par des suppléments ou des substituts.

Si nous achetons des fruits ou des légumes frais, nous refusons de les manger avant qu'ils ne soient cuits au point d'être méconnaissables. Un aliment trop cuit perd presque toute sa valeur nutritive, les enzymes sont complètement dénaturés sous l'effet prolongé de la chaleur intense et les sels minéraux sont dissouts dans l'eau qui a servi à la cuisson — que nous n'utilisons presque jamais d'ailleurs. Nous mangeons si peu d'aliments à l'état naturel qu'il est impossible d'avoir une alimentation optimale.

Les aliments naturels, mangés tels quels, suffisent sans qu'il faille y ajouter des suppléments. Il est beaucoup plus important d'apprendre à revenir à une façon plus naturelle de se nourrir que d'offrir des substituts à la nature.

La pratique d'expériences sur les animaux ne dure jamais assez longtemps pour donner des résultats vraiment probants et définitifs et les conclusions ne s'appliquent très souvent qu'aux animaux qui ont subi l'expérience. Ces expériences, généralement subventionnées par quelque industrie, prouvent seulement ce qu'elles veulent prouver. Cessons donc de torturer ces pauvres êtres qui ne demandent qu'à être laissés en paix. De toute façon, il n'y a qu'un seul type d'expérience qui est valable: celle effectuée sur des êtres humains. Le comportement qu'adopte le rat blanc dans un labyrinthe est loin d'être celui qu'adopterait un être humain dans les mêmes circonstances, et la nourriture qui s'avère être la meilleure pour le cobaye ne l'est pas forcément pour l'homme.

Avec des animaux d'intelligence inférieure, il est facile de prouver ce que l'on veut. Bien entendu, on ne peut affirmer que ces expériences soient totalement inutiles, car elles ont certainement apporté quelques connaissances, mais nous sommes trop portés à déterminer les agissements et habitudes alimentaires de l'homme en fonction de ces résultats.

Dans un rapport de P.E. Steiner, cité par Shelton et publié en octobre 1946 dans *Archives of Pathology*, lors de 150 autopsies effectuées sur des *Okinawas*, dans un hôpital militaire, entre le 13 juin et le 20 juillet 1945, sur 99 femmes et 51 hommes (quarante de ces sujets étant âgés de plus de cinquante ans, cent étant décédés à la suite de blessures au combat, trente-cinq à la suite de maladies et quatorze pour les deux raisons), il est relaté ceci:

> *«Le plus surprenant fut de découvrir que les cas de changements rétrogressifs dégénérescents étaient rares. Même si la plupart de ces individus avaient depuis longtemps dépassé la jeunesse, ils n'étaient pas séniles, mais bien conservés malgré la soixantaine avancée. "La plupart ne souffraient pas de maladies de dégénérescence du système cardio-vasculaire (vaisseaux sanguins et cœur)". On a décelé un durcissement (sclérose) de l'aorte dans seulement sept des cas, et les artères moyennes n'avaient subi qu'un peu de tortuosité. On n'a remarqué aucune complication ou séquelle d'artériosclérose. Ces individus avait le coeur sain et les cas de maladie cardiaque étaient exceptionnels. Au-*

cun ne souffrait d'occlusion coronarienne et il n'y eut qu'un cas d'hypertrophie du coeur, pour cause d'hypertension (pression sanguine trop élevée). "Cliniquement parlant on n'a rencontré que trois cas de troubles cardiaques". *Les maladies du rein étaient rares. On n'a pas décelé de rein rétréci, et il n'y avait que deux cas de calculs rénaux. Même si la cirrhose (durcissement du foie) était courante, on a peu remarqué de maladies de la vésicule ou des conduits biliaires. Les maladies qui ont emporté ceux qui n'étaient pas morts au combat étaient surtout la pneumonie, la dysenterie et la tuberculose.*

Huit médecins Okinawas ont affirmé que les résultats de ces autopsies se comparaient pour la plupart à leurs propres expériences.

Ces résultats sont en contraste frappant avec les autopsies pratiquées sur les Européens ou les Américains. Chez ces derniers, les maladies de dégénérescence du cœur, des artères et du rein sont très fréquentes. Les calculs rénaux et les rétrécissements du rein ne sont pas rares. On rencontre très souvent des cas de calculs biliaires, de même que des occlusions coronariennes, de l'hypertension et des grossissements (hypertrophies) du cœur. Comment expliquer ces différences? Pourquoi les maladies de dégénérescence sont-elles si rares chez les Okinawas, alors qu'elles prévalent chez les Européens et les Américains? Ces différences marquées ont sans doute plusieurs raisons. Selon Steiner, cet état de chose dépend:

1) d'un style de vie actif, mais calme et serein,

2) d'une alimentation simple à prédominance végétarienne.

Ce peuple n'est pas strictement végétarien. Son alimentation est seulement à prédominance végétarienne. Il ne consomme pas les grandes quantités de viande, de produits laitiers et d'œufs que mangent les Européens et les Américains. Il est aussi possible qu'ils n'aient pas pris l'habitude de consommer les poisons de l'homme blanc, tels le tabac, l'alcool, le café, etc.»(1)

Comme on a pu le remarquer, dans ce texte il n'est à aucun endroit question de tumeurs ou de cancer, on peut donc en déduire que ces gens ignoraient ou presque le cancer.

En comparant notre état de santé général d'aujourd'hui à celui du passé, on a raison de croire qu'il s'est grandement détérioré en dépit des statistiques qui affirment de façon bien illusoire d'ailleurs que notre longévité s'est accrue. Nombreuses sont les causes à ce déclin physique et mental. Mais il reste que les caries dentaires, le cancer, le diabète, les maladies cardio-vasculaires, les maladies du cerveau et du système nerveux, sont en grande partie dues à notre alimentation artificielle et déficiente.

Il semble parfois que nous soyons devenus une civilisation synthétique, qui se nourrit d'extraits d'aliments. Nous ne mangeons plus les aliments entiers, mais seulement les extraits: capsules de lécithine, comprimés de poudre d'os, capsules d'ail, enzymes, huile de germe de blé, comprimés d'iode, comprimés de vitamine B_{12}, comprimés de fruits

---

(1) Shelton, H. Herbert, La voie hygiéniste, (Montréal: Éd. du Roseau, 1985), p. 132.

d'églantier, levure de bière, protéines en poudre, comprimés de foie séché, substitut de sel, succédané de café, etc. Nous ne mangeons plus, nous avalons des pilules.

Nous sommes comme les astronautes qui se nourrissent de comprimés. Voyons un peu, pour nous amuser ce dont aurait l'air le repas type d'un individu de l'ère spatiale si cette tendance continue son escalade. Pour cela cédons la parole à Shelton pour qu'il nous donne la formule du repas de demain:

> «Mettez dans une demi-tasse d'eau chaude une capsule de vitamine A; ajoutez deux comprimés d'iode, un comprimé de vitamine B_{12}, trois comprimés de fruits d'églantier, trois comprimés de levure de bière, une once de poudre d'os, trois capsules de lécithine de soja, trois comprimés d'acides aminés, une capsule de germe de blé, deux capsules de chlore, quatre comprimés de foie séché, deux comprimés d'enzymes à la bile de boeuf, de la papaïne, de la pancréatine et de l'extrait de duodénum. Remuez pour que tous les ingrédients soient bien dissous, puis mettez-vous à table. Si le goût laisse à désirer, ajoutez trois cuillerées de sucre blanc, un peu de farine blanche pour épaissir, et suffisamment d'agar-agar pour donner du volume. Évidemment, il faut varier la formule à chaque repas, sinon votre régime souffrira de carences.»(1)

Non! Nous nous sommes trop laissé aller à considérer la nutrition du seul point de vue des éléments chimiques. Nous nous sommes trop laissé aller à parler de calcium, de fer, de vitamine C ou d'acides aminés, alors que nous devrions

---

(1) Shelton, H. Herbert, La voie hygiéniste, (Montréal: Éd. du Roseau, 1985), p. 137.

manger des aliments entiers. La nature se suffit à elle-même et elle présente des substances alimentaires dans des ensembles équilibrés; il faut que nous apprenions à les consommer dans ces conditions pour mieux pouvoir les utiliser.

Certaines personnes croient naïvement qu'il existe des régimes spéciaux pour des maladies spécifiques et que les *régimes de guérison* sont monnaie courante. Nous attendons encore le jour où les gens vont finalement comprendre qu'un régime ne guérit pas la maladie. Le jeûne ne guérit pas; les pilules et les médicaments ne guérissent pas; ils aident seulement l'homme à se guérir.

Quand les fonctions humaines ne sont pas entravées par de mauvaises habitudes mentales et physiques, l'organisme vivant se guérit lui-même et réussit à recouvrer la santé par ses propres moyens.

Les cures affluent de partout mais ne durent pas et tombent dans l'oubli. Si la médecine découvre un nouveau traitement, c'est une *découverte*, on la proclame au monde à pleines pages et ceux qui subissent les conséquences de leurs habitudes malsaines pensent qu'ils seront finalement sauvés. Enfin, ils vont pouvoir continuer à fumer leurs cigarettes, à boire leur alcool et à manger leurs pâtisseries en toute quiétude. On ne meurt plus de cette maladie maintenant, les grands hommes de la médecine nous ont délivrés de tout ça! Mais la cure ne dure pas. À une nouvelle cure correspondent de nouveaux maux et tout recommence.

Tous les nouveaux *fads* de la diététique ne sont que des programmes qui servent à remplacer par des habitudes moins nocives les excès de nourriture qui furent à l'origine de la maladie. Il y a, paraît-il, des cures où l'on donne à des malades de six à huit litres de lait ou jusqu'à sept kilos de raisins par jour...

Certains nutritionnistes préconisent fortement la surconsommation de protéines, tandis que d'autres incitent leurs victimes à boire des quantités phénoménales de jus de fruits ou de légumes. Que l'on soit jeune ou vieux, la suralimentation, qui conduit éventuellement à l'épuisement, diminue les fonctions digestives. Un organisme épuisé, énervé ou surmené qui est continuellement surtaxé par une nourriture qui, souvent, laisse à désirer, se dirige tout droit vers de graves troubles digestifs. Ceux qui n'abusent pas de leurs fonctions digestives en seront récompensés et ceux qui s'empiffrent continuellement auront toujours des ennuis.

Il est impérieux de prendre garde à notre alimentation. Il faut être certain de fournir à notre organisme une quantité suffisante de tous les éléments nutritifs requis. Nous devons aussi entourer nos repas de conditions physiques, mentales et physiologiques qui permettent d'accélérer — au lieu de la retarder — la digestion des aliments ingérés.

Cela nous oblige à penser qu'il est important de mettre de côté les aliments dénaturés pour ne consommer que de vrais produits naturels, de respecter les bonnes combinaisons alimentaires tout en tenant bien compte des conditions suivantes:

- Manger seulement quand on a faim
- Être bien équilibré émotionnellement
- Faire de l'exercice
- Prendre de l'air frais et du repos
- Faire en sorte que la routine journalière se déroule dans une atmosphère de calme et de détente.

Voilà la vraie voie vers la santé!

9. Régimes divers

Depuis toujours, ceux qui affichent un excès de poids font l'objet de quolibets et de sarcasmes. Le besoin de maigrir devient chez certaines personnes une obsession qui semble remonter très loin dans le temps. À une certaine époque, rares étaient ceux qui parvenaient à maigrir. La différence entre les régimes alimentaires d'aujourd'hui et les tortures et supplices anciens est quand même appréciable. Hippocrate, père de la médecine, nous a laissé de nombreux régimes qu'il avait spécialement préparés pour ses patients obèses et qui, s'ils faisaient maigrir, pouvaient aussi hâter la fin de leurs jours. Un empereur romain , nous dit l'histoire, avait les doigts si gros et enflés qu'il utilisait comme bagues et anneaux les colliers de son épouse. Il n'a pu survivre, lui non plus, au régime barbare que lui avaient imposé ses mé-

decins. Dans l'antiquité, les obèses au régime se voyaient imposer du pain noir, des légumes séchés, des tisanes et potions infectes, des séances de sudation et de flagellation; sans oublier les traditionnels instruments de tortures tels que corsets et sangles de toutes sortes.

Louis XIV, même s'il fut un roi renommé pour certains traits de caractère, eut une attitude pitoyable à cet égard. Il était "gros, gras et bouffi" d'après les gens qui le côtoyaient. Or, quelque effort que Sa Majesté fît, durant toute sa vie pour redevenir le jeune Prince svelte qu'il était à vingt ans, il fléchit à chaque tentative devant la rigidité du régime que lui imposaient les tortionnaires médecins de la digne Faculté. Sa vanité profondément affectée, il mourut de la goutte qui était à l'époque la conséquence des excès de table.

Un autre digne individu du Moyen Âge, le fameux comte de Greffhule mourut au jeune âge de quarante ans "suffoqué par la graisse". Trop gros et tentant de maigrir, il fut lui aussi consumé par un régime trop strict. En se rapprochant un peu plus de nous, on se souviendra facilement des élégantes des années folles qui, sous prétexte de répondre à la mode de la ligne planche développée par le fameux style Charleston, enduraient le martyre pour obtenir des poitrines plates et garder des hanches fines.

(Tiré de *Buvez, mangez, maigrissez* de R. Ferron.)

Nous allons maintenant examiner de plus près les différentes disciplines et régimes qui se sont développés dans la période dite *moderne* et qui sont encore pratiqués couramment aujourd'hui. Il ne sera pas question dans ce chapitre des exercices physiques et mentaux utilisés pour perdre du poids, mais strictement et presque exclusivement de ce qui touche la nutrition.

Il y a eu et il y a toujours les *fads*, appelés ainsi parce qu'ils nous arrivent un beau jour, comme un cheveu sur la soupe, inventés par quelque supposé *docteur* ou *spécialiste*. Ils promettent mer et monde à ceux qui l'adoptent. Ces régimes miracles sont souvent dangereuses pour la santé et ne peuvent être maintenus pendant de longues périodes. À cause des sommes d'argent phénoménales investie dans leur publicité, ils connaissent souvent de grands succès, mais leur vie est généralement de courte durée. Dans ces *fads*, on retrouve le genre de régime où il faut manger des pommes à volonté durant une journée, des bananes durant une autre, en alternant ainsi régulièrement avec différents fruits ou légumes, pendant plusieur semaines, jusqu'à ce qu'on atteigne le poids désiré; d'autres où l'on vous force à bouffer des oeufs et du bacon en quantité industrielle sous prétexte que plus on mange de gras et plus les graisses sont éliminées ou "brûlées" facilement. Il y a aussi les multiples cures aux jus de fruits, où il faut ingurgiter des mélanges infects d'herbages que l'on a peine à préparer tellement ils empestent l'air de leur odeur nauséabonde. Et que dire des régimes où l'on supprime tous les hydrates de carbone pour ne consommer que des protéines, gras et alcool!

«Ils m'ont quand même fait maigrir», direz-vous! Et vous aurez raison, mais à quel prix? Maigrir! rien n'est plus facile! Vous n'avez qu'à ne pas manger du tout! Le problème n'est pas de maigrir, mais c'est de maintenir son poids qui est difficile. Les statistiques démontrent que le taux d'échec est de 98% chez les gens qui suivent des régimes.

Pourquoi tant d'échecs? Parce que la réussite d'un régime est calculée d'après le temps durant lequel on maintient son poids idéal, et non pas d'après le nombre de livres de graisse perdues. Le problème avec les *fads* c'est qu'ils ne peuvent être suivis longtemps Qui veut se nourrir de pommes ou de bananes tout au long de la journée, qui veut s'engorger le foie à bouffer des oeufs frits dans la graisse de bacon, ou s'empoisonner avec des tisanes imbuvables! Ça peut aller durant quelques semaines, mais aussitôt les livres perdues, «redonnez-moi vite ma pizza et mes hamburgers!» On recommence à manger comme si de rien n'était, *comme avant*, sans tenir compte du fait que l'on a 10 kilos de moins et que le besoin en calories d'une personne de 60 kilos n'est pas le même qu'une autre de 80. C'est le fait de retourner dans ses *vieilles habitudes alimentaires* qui occasionne la reprise de poids. C'est de là que vient l'erreur:

Nous devrions apprendre à manger en fonction des demandes caloriques qu'exige notre nouveau poids si nous voulons demeurer mince.

Pour chaque 5 kilos perdus et regagnés, le rythme métabolique responsable de la rapidité d'assimilation et d'utilisation des calories ralentit de 1%. Voilà pourquoi il est de plus en plus difficile de maigrir pour ceux qui ont perdu et regagné souvent du poids. Sans oublier que plus l'on veillit et plus ce même rythme de *métabolisation* ralentit.

Citons maintenant les *poisons* que l'on retrouve sous forme de médicaments utilisés normalement pour maigrir mais qui sont dangereux, inefficaces et à bannir totalement.

Les coupe-faim

Ces sont des produits à composantes chimiques, surtout à base d'amphétamines qui agissent directement sur le système nerveux central. Il s'agit d'excitants qui, chez certaines personnes, peuvent avoir un effet dépressif. Ils occasionnent insomnie et anxiété et ne suppriment la faim que pour quelques heures, ce qui amène le désir de compenser plus tard. Les gens s'en servent mal en général et les utilisent même pour sauter des repas. Pour qu'un régime soit couronné de succès, il doit comporter certains mécanismes psychologiques qui sont inhibés si l'on prend des coupe-faim. Le désir de maigrir, la capacité de se concentrer et de se prendre en charge, l'identification des causes d'obésité, et la compréhension des fonctions physiologiques et psychologiques qui régissent l'alimentation sont des comportements positifs handicapés par la prise de ces substances.

Les laxatifs et purgatifs.
Souvent utilisés pour faciliter l'élimination, un emploi continu et abusif de ces produits entraîne souvent des conséquences graves pouvant aller même jusqu'à causer une mort prématurée.

Les diurétiques
Combinés aux coupe-faim, ces médicaments, normalement utilisés pour traiter l'hypertension, sont très dangereux et peuvent même, d'après certains spécialistes, entraîner une dépression importante. Ils stimulent la miction qui, trop souvent, devient excessive et entraîne — inutilement d'ailleurs — une perte importante d'oligo-éléments essentiels, du sel et du potassium notamment. Les utilisateurs de diurétiques, souffrent presque toujours d'une soif intense et la perte de poids — qui n'est en fait pas due à la disparition de la graisse mais à celle de l'eau, surtout dans la première semaine de diète — est facilement reprise avec l'absorption de quelques verres d'eau. Dans les cas de rétention d'eau importante, il est plutôt recommandé d'utiliser des diurétiques naturels tels que les plantes et surtout l'eau dont une augmentation notable du volume absorbé est, selon nous, le seul diurétique efficace et sans dangers, car tout en stimulant l'action des reins, elle n'entraîne qu'une élimination des excédents et des toxines.

Les extraits thyroïdiens
Il est difficile d'imaginer jusqu'où peuvent aller les gens pour maigrir, et s'il y a une limite à ne pas franchir, c'est bien

celle représentée par les extraits thyroïdiens. Utilisés abusivement, ils sont si dangereux que certains en sont morts. Ces médicaments, qui ne devraient normalement être utilisés qu'à des doses infinitésimales et thérapeutiques, sont destinés aux obèses dont les problèmes ont pour cause un dérèglement glandulaire qu'on appelle *hypo* ou *hyperthyroïdie* et qui est d'ailleurs très rare. Pour servir dans une cure d'amaigrissement, ils doivent être utilisés à des doses toxiques qui dépassent le seuil de tolérance du patient.

Les substituts

On les retrouve sous forme de poudres qu'on mélange avec du lait ou sous forme de biscuits emballés par paquets de deux ou trois. Ils sont aromatisés avec diverses saveurs telles que chocolat, vanille ou fraise, et constituent un apport calorique réduit équivalant à un repas. On nous fait croire que ce sont des biscuits normaux, enrichis de gras, vitamines et minéraux de façon à être extrêmement nutritifs. Les fabricants prétendent qu'ils contiennent en moyenne deux cents calories par biscuit. Les sachets de substituts de repas en poudre peuvent représenter, quant à eux, environ 250 à 300 calories auxquels il faut ajouter un quart de litre (huit onces) de lait. Pris régulièrement, ces substituts pourraient avoir un effet néfaste sur la santé. Ils contiennent généralement plusieurs produits chimiques: colorants, conservateurs, additifs pour changer le goût, etc. Ils sont, de plus, trop riches en matières grasses, trop pauvres en fibres et, enfin ne satisfont pas au point de vue psychologique.

Les concentrés de protéines

On peut se les procurer en pharmacie sous le nom de *repas hyperprotidiques*, ou *hypocaloriques*. Ce sont des substances à base de lait auxquelles on a ajouté des vitamines, des minéraux, des sucres et des gras. Elles doivent être utilisées en complément de repas seulement. Ces substances peuvent, à la limite, servir de coupe-faim, de collation si l'on veut, dans la matinée ou l'après-midi. Elles se présentent souvent sous forme de poudre ou de granulés que l'on doit mélanger à de l'eau, du yogourt ou du fromage. Les gens qui pratiquent le culturisme ou l'haltérophilie ont tendance à surutiliser ces produits surtout en période de compétition, pendant laquelle les muscles doivent être forts et bien gonflés et les graisses maintenues à leur plus bas niveau. Mais si les protéines concentrées permettent de tenir plusieurs heures sans faiblir, leur apport calorique, par contre, est relativement bas. Elles doivent être utilisées en complément ou pour remplacer un repas exclusivement. Lorsqu'on a fait des excès de table le soir, on veut équilibrer le niveau des calories du lendemain par des repas amaigrissants protéinés sans trop souffrir de la faim. Mais il ne faut pas oublier que ces préparations contiennent des calories et doivent pour cela faire appel aux glucides. Il est donc important de les inclure dans vos rations journalières.

Le jeûne

C'est un moyen pour désintoxiquer l'organisme qui existe depuis la plus haute antiquité. Toute la nature jeûne: les animaux jeûnent, l'homme aussi doit jeûner occasionnellement ou dans des circonstances particulières. Dans certaines croyances, il est utilisé comme rituel de purification du corps et de l'âme. Le but principal du jeûne est de mettre le système digestif au repos pour qu'il puisse ainsi récupérer. Certains préconisent un jeûne hebdomadaire ou mensuel, d'autres, un jeûne saisonnier ou, une fois par an, un jeûne prolongé, d'autres encore de faire comme les animaux dans la nature: jeûner instinctivement et aussi longtemps que l'organisme en a besoin pour s'auto-guérir. Dans les jeûnes allant de deux à dix jours, on doit être en mesure de détecter et de maîtriser tout signe de faiblesse, de carence ou d'effets secondaires qui pourrait se manifester. Quand on parle de jeûne, il s'agit ici de jeûne à l'eau seulement. Aucun bouillon ou jus ne doit être pris. N'ingurgiter que de l'eau de source, fraîche, c'est la seule façon de jeûner naturellement. Boire des tisanes ou des jus de fruits ou de légumes en diminue l'efficacité. On ne doit boire durant cette période aucun excitant: café, thé ou alcool, qui contient des toxines. Tous les jeûnes, qu'ils soient de courte ou de longue durée, nécessitent une préparation. Elle doit se faire ainsi:

- **Deux jours avant**: éliminer toute nourriture autre que les fruits et les légumes.
- **Un jour avant**: ne boire que des jus de fruits ou de légumes.
- **Ensuite**: de l'eau seulement.
- **Le retour à la nourriture** se fait de la même façon, mais à l'inverse.

Il existe aussi des jeûnes prolongée qui peuvent durer jusqu'à trente, quarante jours et même plus dans certains cas, mais leur utilité n'étant que thérapeutique, ils demandent l'alitement et la cessation complète de toute activité. Ces jeûnes doivent être faits dans des établissements spécialisés et peuvent être très dangereux s'ils sont effectués sans surveillance médicale. Il est aussi recommandé, pour les jeûnes de plus de trois jours, de les effectuer en compagnie d'autres personnes informées de ce fait.

Certaines personnes accompagnent le jeûne d'un lavement. Pour cela, elles utilisent une solution d'eau stérilisée et salée ou une préparation spéciale achetée en pharmacie et bannissent l'eau du robinet qui peut causer des vomissements et des évanouissements. Le jeûne court est facile à pratiquer et ne nécessite en aucun cas l'arrêt des activités. Au contraire, l'énergie, normalement utilisée pour entretenir les fonctions digestives, peut être dirigée ailleurs et permet une plus grande intensité dans les autres activités. Il est toutefois contre-indiqué pour ceux qui souffrent de tuberculose, de diabète et d'insuffisance rénale. Le jeûne fait toujours maigrir, c'est évident, mais il faut compter reprendre la moitié du poids perdu tout de suite après la *reprise* d'une alimentation normale.

Saunas et massages

Tout en complétant bien un régime, saunas et massages aident au maintien de la forme. Les saunas stimulent la transpiration, ce qui entraîne ainsi une perte de poids instantanée qui est toutefois récupérée dès que l'on boit. Le rôle principal du sauna, qui dégage une chaleur sèche et du bain de vapeur, qui dégage une chaleur humide, est d'éliminer les déchets de l'organisme par la transpiration, de stimuler les échanges cellulaires et de favoriser ainsi l'amaigrissement. En plus de leur effet relaxant, ils accélèrent la circulation sanguine et le nettoyage en profondeur de la peau.

La chaleur élevée d'un sauna (80 à 90°) augmente le rythme cardiaque et fait monter la pression sanguine, donc il est déconseillé pour ceux qui souffre de maladies cardiaques. Il y a certaines précautions à observer avant d'aller au sauna; il est très important de se laver à l'eau chaude en se savonnant généreusement, d'y aller progressivement par courtes périodes de 15 minutes, entrecoupées de douches à l'eau froide. En moyenne, la transpiration débute dix à quinze minutes après la première entrée. Ce temps est plus court si on a, au préalable, fait de l'exercice physique. Il est important de toujours terminer par une douche froide pour ramener le corps à sa température normale, pour refermer les pores et tonifier la peau et les muscles. On recommande, par la suite, des traitements aux huiles ou crèmes hydratantes, raffermissantes et amincissantes. Le sauna est l'endroit idéal pour le massage au gant de crin (contre la cellulite) qui, par son action, augmente la sudation.

Les massages de type suédois sont de plus en plus populaires de nos jours. Ils aident à combattre l'embonpoint en réduisant la cellulite et en assouplissant les tissus. Ils ont un effet extrêmement relaxant pour le système nerveux, ils activent la circulation sanguine, dissolvent les graisses et tonifient la peau. Pour ceux et celles qui n'ont pas les moyens de recourir à un masseur professionnel, il est recommandé de pratiquer l'auto-massage qui est facile à apprendre. Il existe sur ce sujet de très bons volumes pour vous guider.

Discussions de groupe

Il existe aussi des groupes de discussion dont les principaux sont les *Weight Watchers*, les *Outre-mangeurs Anonymes* et les cliniques diverses de contrôle de poids. Leurs activités consistent en des réunions périodiques de personnes qui veulent maigrir. Ces rencontres fonctionnent un peu comme chez les *Alcooliques Anonymes* où chacun parle de ses expériences, raconte ses progrès et ses échecs; chaque cas est discuté par les membres, de sorte qu'il devient ainsi, un enseignement et un encouragement pour tous. Ces groupes sont généralement animés par des diététiciens ou des ex-obèses qui décrivent et établissent programmes et menus. Chacun y est encouragé à tenir un compte exact de toute la nourriture consommée quotidiennement et à en parler ouvertement en public. De nombreuses pertes de poids sont enregistrées de cette façon mais le maintien du poids idéal est loin d'être garanti.

La chirurgie esthétique

C'est un procédé très dangereux! Les opérations ont pour but l'ablation des excès de graisse sur le ventre, les hanches, les fesses, les cuisses et même sur les seins. Délicate, comme toute opération, elle n'est jamais inoffensive et peut avoir des suites désastreuses avec, comme conséquences les risques habituels tels que perte de sang, choc nerveux, traumatisme psychologique, cicatrices indélébiles et dépôts de déchets toxiques laissés dans l'organisme par les produits anesthésiques utilisés. Il serait — et de beaucoup — préférable d'avoir recours à des exercices et à une réforme alimentaire plutôt que de s'abandonner à ces chirurgies coûteuses et douloureuses. De toute façon, la graisse enlevée risque de revenir tôt ou tard s'il n'y a pas de changements dans les habitudes qui ont originellement mené à l'obésité.

Fermes de santé et de beauté

Séjourner dans ces endroits peut être fort utile, mais il ne faut pas s'attendre à y maigrir sans efforts et à bon marché. Généralement situés près des hôtels de luxe, sur le bord des plages ou sur des îles éloignées, on peut effectuer dans ces *cliniques* des séjours de détente et de *minceur* sous surveillance médicale et les conseils de diététiciens. Les innombrables traitements que l'on y retrouve tels que la tallasothérapie, la massothérapie, etc., aident à entrer dans un régime et donnent le rythme d'une nouvelle discipline de vie.

Il ne faut toutefois pas les confondre avec les *vraies* cliniques où l'on dispense des soins amaigrissants qui nécessitent une réelle hospitalisation. Pour tous ces traitements médicaux ou cures de sommeil, on utilise des médicaments chimiques et de la chirurgie. On y est nourri au sérum et ces façons de faire peuvent se révéler dangereuses.

Pour traiter la cellulite

Problème essentiellement féminin, la cellulite se manifeste sous l'aspect de nodules sous-cutanés qui peuvent apparaître même chez les femmes minces. On peut la dépister à l'oeil nu ou en pinçant les différentes régions affectées, qui sont généralement: les fesses, les cuisses, les genoux, les mollets, les chevilles, le ventre, le haut des bras et la nuque. Elle est le résultat d'une accumulation de toxines, d'impuretés, d'eau et de graisse emprisonnées dans des tissus sclérosés et un réseau d'adhérences fibreuses. La circulation du sang étant gênée par ces déchets durcis, il se crée un cercle vicieux: plus le sang circule mal et plus les toxines, les graisses et l'eau s'accumulent, plus les tissus se sclérosent et moins le sang circule et ainsi de suite, jusqu'à ce que le corps se déforme gravement.

On croit que la cellulite est due à un dérèglement hormonal, à un mauvais fonctionnement de l'ensemble du système d'assimilation et d'élimination et à un engorgement important du foie. La cellulite commence à se manifester souvent à la puberté, à la ménopause, lors d'une grossesse ou chez la femme qui prend la pilule. Elle est engendrée par un manque d'harmonie physiologique partiellement dû à une surconsommation de nourriture trop grasse ou trop sucrée, d'alcool, de tabac et de médicaments. La nervosité excessive et le manque d'exercice ajoutés à ce qui précède constituent un mode de vie favorisant son développement. Certains traitements consistent à assouplir les tissus par des massages spéciaux, des injections, des courants électriques et toutes sortes de manipulations artificielles toutes aussi bizarres les unes que les autres.

La cellulite est certainement due à une mauvaise élimination des toxines et c'est pourquoi elle nécessite une réforme totale de l'alimentation. Il faut, pour ce comportement, adopter les bonnes combinaisons alimentaires, car ce comportement favorise la digestion, l'assimilation et l'élimination. Il est recommandé aussi de faire de l'exercice aérobique régulièrement (trois fois par semaine), du yoga respiratoire, d'utiliser le sauna et des bains de siège (voir dans le chapitre *Préparation* le passage sur la désintoxication du foie). On peut aussi appliquer des traitements locaux comme le massage au gant de crin tous les jours, l'application de crèmes et d'huiles astringentes et des bains dans lesquels sont dissouts des sels ou huiles spéciales. On peut aussi boire beaucoup d'eau et des tisanes diurétiques et dépuratives pour stimuler les reins et favoriser l'élimination. La cellulite ne disparaît pas facilement, il faut donc prévoir à long terme. La patience et la ténacité sont de rigueur.

Les cas de cellulite avancée et très rebelle devraient être soumis à un médecin, car ils peuvent prendre la tournure d'une maladie, voire même causer la paralysie.

Dans le *Journal de Montréal* du 27 avril 1987 paraissait un article fort intéressant. Il y était fait mention d'une étude détaillée sur les façons de maigrir qui avait parue dans la revue de L'Association des consommateurs du Canada, *Consommateur Canadien,* en mars 1987.

On a fait dans cette étude une évaluation des plus importants programmes d'amaigrissement que l'on retrouve au Canada. On peut y apprendre que les *Weight Watchers* furent fondés en 1963, que les rencontres hebdomadaires coûtent 7$ plus des frais d'inscription de 20$ et que le programme comprend un régime où les femmes peuvent consommer de 1 000 à 1 100 calories et les hommes 1 500.

Au Québec, le géant KiloControl *compte environ 20 cliniques réparties sur tout son territoire. Il en coûte 30$ pour y adhérer et en moyenne 40$ par mois pour participer aux séances de groupe hebdomadaires. Leur régime est équilibré, mais ne propose aucun exercice physique. Le programme* Contrôle du poids *du* YMCA *qui est jugé le plus complet par cette étude, propose une approche multiple: la connaissance de l'alimentation, l'exercice et l'analyse des habitudes alimentaires. Pour 150$, on peut perdre jusqu'à un kilo par semaine. L'article ne spécifie pas la durée de l'abonnement pour les frais encourus.*

Le Weight Loss Clinic *n'engage que des infirmières et offre un programme qui ne permet l'absorption journalière que de 650 calories et l'exercice n'est pas obligatoire. Le coût moyen pour perdre 7 kilos (15 livres) est de 348$.*

Le Diet Center *offre, moyennant des frais d'adhésion de 30$ et des frais hebdomadaires de 45$, une consultation privée ainsi qu'une séance de pesée par semaine. Le programme met l'accent sur la valeur nutritive des aliments plutôt que le compte des calories. Les clients* *prennent des vitamines et des sels minéraux et peuvent rencontrer un diététicien pour 100$.»*(1)

Dans cet article, on conclut finalement en suggérant une liste de facteurs indispensables à un bon régime:

- Suggérer une perte de poids d'un kilo par semaine;
- Promouvoir la prise minimale de trois repas par jour;
- Favoriser la variété à l'intérieur de chacun des groupes tout en rencontrant les critères du *Guide alimentaire canadien*.
- Être complet sans nécessiter de suppléments alimentaires vitaminiques et minéraux;
- Favoriser la modification des habitudes alimentaires et conseiller de manger des produits à grains entiers et des aliments crus;
- Suggérer des exemples de menus.

Le Guide alimentaire canadien recommande de consommer quotidiennement des aliments de quatre familles précises:
- lait et produits laitiers,
- pain et céréales,
- protéines (viandes, poissons, volaille et substituts),
- fruits et légumes.

Les mêmes recommandations sont faites ici et, de plus on y enseigne comment consommer tous ces produits pour qu'ils soient mieux digérés et assimilés par l'organisme, par la pratique de la *dissociation des aliments*.

Cette méthode, qui ne coûte rien à ceux qui l'adoptent, ne vise pas spécifiquement l'amaigrissement, mais la santé, dont la perte de poids est une conséquence.

---

(1) Girard-Solomita, Monique, Les diètes miracles, Journal de Montréal, avril 1987.

10. «Allergies addictives» et types chimiques

Il s'est développé au cours des dernières années plusieurs types de thérapies alternatives qui utilisent plus spécifiquement l'approche énergétique. Sans vouloir faire ici spécialement allusion à l'*acupuncture* qui utilise ces énergies depuis longtemps et qui est déjà assez connue et utilisée, nous parlerons plutôt des autres types d'interventions tels que la *réflexologie*, le *shiatsu*, le rééquilibrage des énergies (*bio-magnétisme*), le *toucher thérapeutique*, les *polarités*, la b*io-énergie* de Lowen qui est utilisée en psychologie, l'*acupression*, et la *kinésiologie appliquée*. C'est plus particulièrement cette dernière qui nous intéresse ici.

Le but n'est pas d'expliquer en quoi consiste la kinésiologie appliquée, mais surtout d'informer le lecteur sur un aspect particulier dont traite cette discipline: *l'allergie addictive*. Ce n'est pas une allergie violente à réaction rapide comme celle dont souffrent certains individus n'ayant pas les enzymes nécessaires à la digestion du lait et qui ont des réactions extrêmement sérieuses après la consommation, même minime, de produits laitiers. Elle n'est pas comparable non plus aux allergies au pollen, à la poussière, aux poils d'animaux, à la fièvre des foins ou autres allergies similaires. C'est plutôt une intolérance à un type particulier de nourriture. On l'appelle *allergie addictive* parce qu'elle crée une dépendance: plus on mange de l'aliment incriminé et plus on souffre de réactions allergiques. Plus on souffre et plus on a envie de manger ces mêmes aliments qui nous affectent au départ. C'est ainsi que se crée le cercle vicieux.

Il est cependant assez facile de situer les aliments qui créent ces problèmes d'intolérance en observant nos habitudes alimentaires. Presque toujours, le fait de consommer régulièrement un certain type de nourriture crée une habitude. Ce sont surtout ces aliments qui reviennent toujours dans notre alimentation dont il faut se méfier, ceux qu'on *adore* et dont on *ne peut se passer*.

Si, par exemple, vous aimez le pain et les pâtisseries et que vous en consommez régulièrement une grande quantité, ce sont peut-être ces aliments qui occasionnent tous vos problèmes. Si vous souffrez vraiment d'allergies *addictives,* le fait d'essayer de vous en passer peut créer, pendant un certain temps, des réactions parfaitement similaires à celles observées dans les périodes de désintoxication à certaines dépendances.

C'est un peu comme lorsqu'on arrête de fumer, de boire du café, de l'alcool ou de prendre de la drogue. Au début de la cure, le corps n'ayant eu pas sa ration régulière, va en faire la demande violemment. La personne peut éprouver des maux de tête, mais c'est surtout un intense désir de consommer l'aliment en question qui va être ressenti. Peu à peu, au fur et à mesure que le corps se désintoxique et se libère de cet élément, la demande (le goût et l'envie) diminue jusqu'à ce qu'il n'y ait plus d'envie du tout.

Les réactions causées par ce genre d'allergie ne sont pas, comme nous l'avons mentionné plus haut, de type violent. Elles se manifestent plutôt sous forme d'enflure, de rétention de liquide, de constipation, de faiblesses, de sensations de malaises généraux, d'engorgement du foie et elles affaiblissent l'organisme en général, ce qui rend le terrain propice à toutes sortes de maladies éventuelles et entraîne l'embonpoint.

Si, comme Louise, vous ouvrez le réfrigérateur un jour et constatez qu'il est à moitié rempli de lait, de fromages de toutes sortes, de yogourt, etc., vous avez peut-être, comme elle, une *allergie addictive* aux produits laitiers. Il n'est pas facile de définir avec précision si tel ou tel produit nous affecte. Toutefois, certains tests peuvent être effectués pour venir confirmer les doutes personnels que vous pouvez avoir, à savoir que certains aliments ne sont pas bons pour vous. Dans le cas de Louise, la prise de conscience ne fut pas tellement surprenante, étant donné le doute qui existait en elle depuis quelque temps déjà à cause des malaises qu'elle ressentait et des enflures qui apparaissaient après la consommation excessive de produits laitiers.

Un premier test simple consiste à prendre votre pouls avant de manger la nourriture suspectée et de le reprendre à nouveau 60 minutes après. Si votre cœur a augmenté son rythme d'au moins dix battements par rapport à la première prise de pouls, c'est signe qu'il peut y avoir allergie. Il va sans dire que le test est probant seulement si les aliments incriminés ne sont pas mangés en combinaison avec d'autres aliments, à l'intérieur d'un repas lourd. Si l'on suspecte le lait, par exemple, on doit faire le test avec un verre de lait, pris seul et après la fin de la digestion du repas précédent, soit environ 3 heures.

Si vous voulez aller plus loin dans votre investigation, vous pouvez passer au deuxième test, celui de *la résistance du bras tendu*. Il faut pour cela vous allonger sur le dos et étendre votre bras droit sur le côté de façon à ce qu'il forme un angle droit avec le corps. Demandez alors à quelqu'un de vous assister en poussant vers le bas avec une force moyenne sur votre bras à la hauteur du poignet. Votre rôle consiste à résister le plus possible à cette poussée. La puissance de résistance de votre bras est censée représenter la puissance de résistance de votre organisme. Maintenant, répétez le même exercice, mais en ajoutant, cette fois-ci, l'aliment suspect que vous poserez sur le ventre (nombril) ou au plexus solaire. Si vous êtes allergique à cet aliment, la force de résistance de votre bras va en être diminuée. Plus vous êtes allergique à un aliment et plus votre organisme en est affaibli.

Pour que ce test ait un maximum d'efficacité, on ne doit l'utiliser, au début, qu'avec les aliments suspectés. En plus d'être rapide, ce test a l'avantage d'éprouver des produits autres que les aliments ou combinaisons alimentaires susceptibles de nuire à notre santé.

On croit que cette situation engendrée par les *allergies addictives* peut disparaître en ne consommant aucun aliment allergène pendant une période d'un an; par la suite, on pourra à nouveau consommer ces produits.

Louis Turgeon — chercheur œuvrant dans le domaine de la santé — quand il expose sa théorie des types chimiques, semble dire indirectement que ce que nous venons de décrire n'est pas forcément des allergies mais tout simplement des réactions physiologiques à une nourriture mal adaptée à notre personnalité organique.

L'an passé, alors que j'animais, sur les ondes du réseau *Vidéotron*, une émission de télévision qui s'intitulait *Médecines douces au Québec*, j'eus le plaisir de faire la connaissance de ce jeune homme de 84 ans qui venait nous faire la présentation de son tout dernier volume *Tout l'homme en santé*. À l'intérieur de cet ouvrage, il nous expose sa théorie des vingt types chimiques.

Il m'apparut, lors de notre rencontre, comme un être simple, calme et surtout doté d'une vitalité à rendre jaloux. Alors que nous parlions comme ça de choses et d'autres juste avant l'émission, il me raconta tout bonnement qu'il s'était levé à quatre heures du matin, qu'il avait conduit de Québec à Montréal, qu'il devait accorder une autre entrevue à la radio au cours de la journée et finalement effectuer le retour à Québec. Ce qui ne m'a pas semblé trop mal pour un retraité du troisième âge!

L'hypothèse qu'il défend m'apparaît tout à fait logique étant donné que j'ai pu m'en rendre compte personnellement au cours des années d'observations effectuées sur mes propres réactions physiologiques. Il nous explique, dans son ouvrage que tout être humain possède *une individualité chimique fondamentale* et, pour cela, il nous décrit la notion nouvelle du type somato-chimique qui classifie les hommes en vingt catégories, chaque catégorie portant un nom particulier.

> *«Dans la majorité des cas, chaque appellation a été décidée de façon à indiquer un élément chimique prédominant.*
>
> *La difficulté de trouver des appellations décrivant les types par leurs seules étymologies devint insurmontable dans le cas des personnes dominées par deux éléments ou plus, comme cela arrive dans la réalité. Un corps humain n'est pas, en chimie organique, une substance dont la formule est invariable, à l'instar des alcools, des aldéhydes, des amides, des aminés, des cétones. Même dans le cas du type osseux*

ou calcifère, nous ne sommes pas en présence d'un corps chimique simple, puisque l'ossature humaine est, par essence, une structure plus complexe, un alliage de calcium avec d'autres éléments (phosphates, carbonates, sulfates, silicates, fluorures ou autres).

En définitive, tout de même, ce qui a été découvert, c'est un fait de la nature: l'individualité chimique fondamentale peut permettre une classification rationnelle des humains.

Voilà qui est très important. En effet, tous les aliments, solides et liquides, sont des composés chimiques. Dans sa complexité, un être humain peut absorber, dans tel ou tel aliment, une proportion plus élevée de calcium, de soufre, de potassium, que tel autre humain pourtant apparemment semblable. Les éléments chimiques diffèrent entre eux par de nombreuses caractéristiques. Relativement parlant, ces caractéristiques se retracent dans les constitutions humaines par le tempérament, le caractère, les dispositions, les aptitudes, les penchants, les inclinaisons, etc. La découverte du type somato-chimique revêt donc une très grande importance auprès de la psychologie, de la psychiatrie et de la caractérologie.»(1)

Le Docteur Rocine, qui est l'instigateur de la théorie défendue par Turgeon, déclare que «*l'organisme humain est composé d'os, de muscles, de tendons, de ligaments, de nerfs, et d'organes vitaux tels que cœur, poumons, estomac, etc*».(2)

---

(1) Turgeon, Louis, Tout l'homme en santé, (Boucherville, P.Q.: Éd. de Mortagne, 1986), p. 39-40.

---

(2) Ibid., p. 41.

«*Il a remarqué*, dit Turgeon, *que ces diffé-rents secteurs forment chacun comme un appa-reil organisé parfaitement dans le détail, ayant des fonctions spécifiques si particulières que leur étude nous permet de les voir isolément. À partir de cette notion, on peut constater que chez les individus un de ces appareils est plus actif.*»(1)

Turgeon nous parle de quatre catégories distinctes qu'il appelle *les tempéraments osseux, musculaire, vital et men-tal*. Il rattache aussi à ces quatre groupes, un cinquième qu'il nomme *pathogène* qui réunit toutes les exceptions.

Voici la description de chaque groupe de tempérament et les types chimiques qui en découlent.

Tempérament osseux

Il est fort, endurant, élevé, imposant même. L'activité de l'appareil osseux a pris le dessus sur les autres groupes ou systèmes. Les personnes appartenant à ce groupe n'ont généralement pas la grâce et l'agilité de mouvement des athlètes qui sont à prédominance musculaire. À ce tempéra-ment appartiennent quatre types chimiques: le *calcifère* chez qui les phosphates prédominent, l'*isogène* (calcium en prédominance), le *barotique* chez qui calcium, carbone, soufre, hydrogène et phosphore sont importants et le *sillé-vitique* qui est associé principalement au silicium et au cal-cium.

Tempérament musculaire

Les muscles, les tendons, les ligaments et cartilages pré-dominent chez ces gens et concourrent à créer un aspect harmonieux. Les muscles enrobent les structures angulai-

---

(1) Turgeon, Louis, Tout l'homme en santé, (Boucherville, P.Q.: Éd. de Mortagne, 1986), p. 41.

res des os. Les gens de ce groupe sont généralement agiles et souples. Trois types en sont issus: le *myogène* chez qui le potassium domine, le *desmogène* (sodium d'abord) et l'*eldique* qui a le chlore et le fluor comme éléments principaux; on dit de ce type qu'il est généralement maigre.

Tempérament vital

Chez lui prédominent les organes vitaux: coeur, poumons, foie, estomac. Ceux de ce groupe ont généralement la respiration, l'assimilation et l'élimination exceptionnellement actives. Bons mangeurs, ils sont sains, vigoureux et rayonnants de vie. À ce groupe appartiennent six types: l'*hydrofère* (hydrogène en premier); l'*oxyfère* chez qui l'oxygène et ses composés prédominent; le *nitrofère*, avec l'azote (nitrogène) d'abord; le *carbofère*, (carbone); le *lipofère* (carbone, hydrogène, oxygène); le *pallénomique* chez qui les albumines, calcium et azote prédominent.

Tempérament mental

Les personnes de ce groupe ne peuvent qu'être délicates et fragiles étant donné que le système nerveux qui les domine est lui-même très peu volumineux et très compact. De poids léger, ces gens-là ont généralement une activité cérébrale intense. Quatre types en découlent: le *neurogène* (phosphore, soufre et calcium); le *nervo-moteur* (phosphore); l'*exesthésique* (soufre, phosphore, potassium); et le *pathétique* qui a le carbone, l'hydrogène et le phosphore en prédominance.

Tempérament pathogène

Ce groupe, comme nous l'avons mentionné plus haut, regroupe toutes les exceptions des autres groupes et se subdivise en trois types chimiques: l'*atrophique* qui est actif en phosphore et calcium, mais qui présente souvent des carences; le *médéique* (phosphore, potassium, calcium, fer, oxyde, soufre); le *pargénique* (carbone, calcium, hydrogène et phosphore).

Tout individu possède à différents degrés les cinq tempéraments en question. Louis Turgeon croit que «*l'on ne peut expliquer la dimension des êtres humains que par le développement différemment accentué de ces tempéraments chez les uns et chez les autres*».(1)

Il déclare en effet que:

> «*Si l'on connaît le ou les éléments prédominants chez un sujet, il est évident que ce sont précisément ceux-là qui sont très facilement assimilés, donc ingérés parfois en excès parce que souvent préférés instinctivement à d'autres. Par ses activités physiques et mentales, le sujet dépense certains éléments très rapidement, d'où une déficience possible, qui provient également du fait que la personne choisit des aliments pauvres en tels ou tels éléments qui seraient requis normalement.*»(2)

Même s'ils sont différents l'un de l'autre, ces tempéraments fonctionnent en conjonction. C'est apparemment en les assemblant qu'on peut déterminer la personnalité, les talents, le caractère, la santé, etc. Ce sont des tempéraments innés qui apparemment nous suivent toute notre vie sans que nous puissions jamais nous s'en défaire ni même les modifier.

Que l'on réalise être aux prises avec une allergie addictive ou que l'on embrasse la théorie *rocinienne* des types chimiques, une chose est certaine: un aliment ou un type particulier de nourriture, qui fait le bonheur des uns, peut s'avérer mauvais pour les autres. Dans l'optique de la pen-

---

(1) Turgeon, Louis, Tout l'homme en santé, (Boucherville, P.Q.: Éd. de Mortagne, 1986), p. 44.

---

(2) Ibid., p. 44..

sée humaniste, on est amené à croire que tout individu quel qu'il soit est constitué d'une partie unique et d'une autre partie commune à tout le monde. Pris dans l'optique des combinaisons alimentaires cette affirmation peut se traduire ainsi:

Toute combinaison alimentaire dite "mauvaise" qui peut être mal tolérée par 80% des gens, devient facilement acceptable par quelqu'un dont le type concorde bien avec les aliments ingérés.

Un tempérament vital pourrait très bien, à cause de son puissant système digestif, ne pas être incommodé du tout par certaines mauvaises combinaisons alimentaires, surtout si celles-ci comportent des aliments qui s'accordent bien avec son type chimique, tandis qu'une autre personne appartenant, par exemple, au type mental pourrait souffrir d'indigestions en consommant les mêmes combinaisons alimentaires.

En observant vos habitudes alimentaires et en effectuant les petits tests décrits plus haut, vous pourrez assez facilement découvrir les combinaisons d'aliments qui vous sont les plus nocives. C'est surtout l'élimination totale de ces combinaisons de votre alimentation qui vous permettra de perdre du poids rapidement. Il va sans dire qu'il est préférable de mettre de côté toutes les mauvaises combinaisons, mais si pour le débutant cela semble trop difficile à accomplir sans faire de *dépression nerveuse*, il est recommandé de débuter en éliminant d'abord les combinaisons qui affectent le plus et, à mesure que l'habitude s'installe, d'éliminer les autres jusqu'à la réforme totale.

11. Quand manger devient une obsession

L'*obsession* est une pensée irrationnelle qui revient sans cesse. Elle peut être légère comme dans le cas de l'étudiant qui ne peut penser à rien d'autre qu'à ses études. Mais elle peut aussi être violente ou à caractère sexuel, tel le désir de mettre le feu à une maison ou de violer quelqu'un. Ces idées obsessionnelles portent généralement les gens qui les entretiennent à se sentir coupables et horrifiés, autant par le contenu que par la persistance de leurs pensées.

La compulsion est le désir continuel de s'engager dans une action particulièrement irrationnelle, souvent même absurde,comme de regarder plusieurs fois sous son lit avant de se coucher, se laver les mains plusieurs fois de suite avant les repas, ou être constamment poussé à manger des aliments qu'on sait être mauvais pour nous.

Plusieurs névroses comportementales sont à la fois obsessionnelles et compulsives; le fait, par exemple, de se laver les mains continuellement peut être causé par une pré-occupation obsessionnelle des microbes. Même si nous pouvons tous nous souvenir des nombreuses fois où nous ne pouvions nous chasser de la tête les paroles d'une certaine chanson, ou de celles où nous n'en finissions plus d'aller vérifier si la cuisinière était bien éteinte avant de sortir, ces obsessions et compulsions disparaissent facilement d'elles-mêmes. Une névrose obsessionnelle ou compulsive continue jour après jour et année après année.

Ce comportement est souvent une réponse à l'anxiété intense relative à un autre domaine particulier de la vie d'un individu. Ces comportements répétitifs rassurent et sécurisent les gens en leur donnant l'impression qu'ils ont le contrôle de leur environnement. Ils se sentent protégés de ce qui les menace du moment qu'ils peuvent continuer à accomplir leurs activités devenues une sorte de rituel. Comme toutes les névroses comportementales, toutefois, ce *pattern* peut souvent être très limitatif pour un individu et créer de grosses interférences dans d'autres secteurs de ses fonctions vitales.

On retrouve ces facteurs émotionnels et psychologiques dans presque toutes les maladies. Encore très controversée dans certains milieux, la médecine psychosomatique admet que ces mêmes facteurs peuvent être responsables chez l'un d'une maladie de la peau, chez l'autre d'une affection du cœur, chez un autre encore d'indigestion chronique. L'obésité, qui n'est pas vraiment considérée comme une maladie, présente souvent une base émotionnelle caractérisée. C'est sur cette dernière que nous nous attarderons dans ce chapitre.

L'embonpoint résulte souvent d'une alimentation trop généreuse et trop riche. Nous verrons plus tard certains motifs qui ne sont pas obsessionnels. Un excédent de poids peut ne représenter que quelques livres, mais une personne obèse peut facilement porter des centaines de livres en trop. Une personne dont le poids est de 20% plus élevé que son poids normal fait de l'embonpoint alors qu'une personne dont le poids est de 30%, et plus, que son poids normal est considérée comme étant obèse. Quand on a vraiment décidé de maigrir, perdre quelques livres de trop est très facile. Toutefois, pour la personne obèse, cela peut représenter un problème insurmontable. L'obésité peut être souvent due à des facteurs beaucoup plus sérieux que les mauvaises habitudes alimentaires, elle peut faire l'objet d'une névrose et nécessiter un traitement psycho-thérapeutique. Il peut aussi y avoir à l'origine de certains types d'obésité un dérèglement glandulaire; ces cas sont, toutefois, relativement rares et ne représentent que 2 à 4% des cas étudiés. De plus, on pense que ces dérèglements ne sont pas la cause mais le résultat de l'obésité.

Maigrir pour ceux dont le supplément de poids est dû seulement à de mauvaises habitudes est facile, il ne s'agit pour eux que d'avoir un peu de bonne volonté et de respecter les combinaisons d'aliments décrites dans cet ouvrage. Cependant, pour les personnes vraiment obèses ou les mangeurs compulsifs, c'est une tout autre histoire et ce sont peut-être ces gens-là qui bénéficieront le plus des prochaines lignes.

Un régime, quel qu'il soit, peut souvent donner de bons résultats même si l'embonpoint est causé par des facteurs névrotiques. Si le patient est suivi par son médecin qui lui prescrit des coupe-faim, des médicaments pour *brûler* le gras plus vite, des diurétiques pour éliminer la rétention d'eau, et de multiples diètes, il commencera toujours à perdre du poids pour le reprendre aussi vite, le régime terminé. Même s'il prolongeait son régime, il n'accuserait pas de perte de poids significative et il y a de fortes chances que, quelque temps après, le découragement s'étant installé, il abandonne son régime et reprenne le poids perdu.

Ce phénomène est dû au fait que le médecin a pratiqué ce qu'on appelle la *médecine symptomatique* et ne s'est pas attardé à la cause de l'embonpoint. Les raisons invoquées pour trop manger sont aussi nombreuses que variées, mais dans la majorité des cas le besoin de nourriture, et plus particulièrement de certains aliments, prend un caractère contraignant et ne dépend plus de la volonté ou d'une discipline personnelle. Les personnes obèses accusent souvent leur manque de volonté.

On retrouve généralement les causes de l'obésité dans l'enfance. Quand un enfant pleure et qu'il n'est pas bien, c'est souvent parce qu'il a faim. Mais dès qu'il a mangé, il récupère vite et se sent bien à nouveau. Comme les chiens du docteur Pavlov qui, dans un réflexe conditionné, faisaient la relation entre la sonnette et la nourriture, l'enfant associe le fait de manger et son sentiment de bien-être. Devenu adulte, dès qu'il est énervé, c'est tout de suite la course au frigo pour *bouffer* n'importe quoi et retrouver ce sentiment de bien-être. Ce n'est pas son esprit analytique et rationnel qui dit: «Si je mange je me sentirai mieux», mais son subconscient. C'est devenu un réflexe chez lui. Les fumeurs affichent souvent un comportement semblable. Cela explique pourquoi il est si difficile pour certaines personnes d'abandonner l'habitude de la cigarette: au lieu de téter leur pouce comme lorsqu'ils étaient enfants, ils ont remplacé, adultes, ce geste sécurisant par une autre gratification orale, la cigarette. Ils pensent naïvement que la cigarette va les calmer et ils se retrouvent dans un cercle vicieux où plus ils fument (la cigarette n'étant pas un calmant, mais un stimulant) et plus ils deviennent anxieux, plus l'anxiété monte et plus le besoin de fumer augmente.

Les besoins psychologiques de nourriture ou ce qu'on appelle souvent les *fausses faims* sont multiples et peuvent se manifester sous plusieurs déguisements. Une femme qui souffre de frigidité peut avoir le désir inconscient d'être grosse et indésirable et elle va entretenir un excédent de poids, dans le but de repousser les hommes. Étant indésirable à leurs yeux, elle évite ainsi les relations sexuelles. Par ailleurs, une autre personne insatisfaite sur le plan sexuel peut ressentir un impérieux besoin de *douceurs* et compenser par une satisfaction *de rechange* en absorbant de la nourriture. Certains aliments sont souvent la cible privilégiée par ces gens. Le chocolat, dit-on, contient une substance qui, une fois ingérée, déclenche la montée d'une certaine hormone qui apaise les centres émotifs reliés aux sentiments. Sentiments exacerbés par le manque d'amour.

Les individus mal aimés peuvent aussi avoir ce comportement obsessionnel. Un enfant repoussé par ses parents peut se consoler de ce manque d'attention en mangeant plus que de raison. Les enfants, comme tout le monde d'ailleurs, ressentent un certain besoin d'appartenance. Appartenir à un milieu veut dire y être accepté. Donc, dans le but d'être acceptés par leurs parents, ils vont s'identifier à eux et copier leurs agissements. Si les parents sont gros, les enfants vont généralement être gros aussi. La génétique ou les tendances innées à l'obésité peuvent exister, mais il est plus vraisemblable que ce soient le besoin d'identification aux parents et les mauvaises habitudes alimentaires de ces familles qui sont les grands responsables.

Les suggestions recueillies dans l'enfance sont souvent à l'origine de mauvaises habitudes alimentaires pouvant conduire à l'obésité. Qui n'a pas entendu dans son enfance ce genre de phrases: «Tu dois vider ton assiette si tu veux aller jouer.» «C'est un péché de gaspiller la nourriture.» « T'auras pas de dessert (récompense) si tu ne vides pas ton assiette.» «T'as pas honte de gaspiller de la nourriture alors que tant d'enfants crèvent de faim de par le monde.» «Tu dois manger beaucoup de soupe si tu veux devenir grand et fort comme papa.»

Enfants, nous traversons tous des périodes où la nourriture a peu d'importance, ce qui peut être une source d'inquiétude pour les parents.

Les complexes d'infériorité, les sentiments de honte et de culpabilité peuvent aussi jouer un rôle dans l'obésité. Se sentir inférieur, ou honteux, peut être un obstacle à notre épanouissement. Se sentir coupable peut entraîner un besoin d'auto-punition. Manger de façon excessive des aliments qui rendent malades peut tourner à l'autodestruction.

Pour maigrir tout en se sentant bien dans sa peau, il vaut mieux mettre de côté tout régime. Être au régime ou à la diète pour les *gros* est devenu une situation intolérable. D'ailleurs ces gens connaissent déjà tous les régimes recommandés, ils les ont essayés puis abandonnés après n'avoir perdu que quelques livres. Le simple fait de penser à se mettre au régime provoque chez eux anxiété et agressivité, sentiments qui se transforment rapidement en rébellion. Les mots *diète* et *régime* sont devenus synonymes de privations et de pénitence. Tout le monde déteste suivre un régime strict.

Si l'on veut prendre en main sa vie et sa santé, il vaut mieux renoncer à suivre un quelconque régime, mais plutôt modifier ses habitudes alimentaires.

Les personnes obèses mangent habituellement de façon tout à fait automatique et vorace et souvent avec une grande rapidité. Dans des recherches psychologiques sur la régularisation du poids et de l'appétit, on a examiné le comportement des gens obèses et des personnes de poids normal vis-à-vis de la nourriture. On a comparé leurs réactions face à des stimuli internes et externes et on a trouvé des différences de sensibilité importantes. Par exemple, les sujets dont le poids est normal répondent aux signaux internes de sensations de satiété dans l'estomac en refusant toute nourriture, tandis que les personnes obèses, elles, continuent quand même de manger. On a remarqué dans ces études que ces signaux internes donnés par l'estomac pour signaler la faim ou la satiété ne semblent pas être importants dans les habitudes de manger de certains individus. Des expériences, durant lesquelles des sujets normaux et obèses furent tous privés d'un repas, ont été menées. On servit un *hamburger* à la moitié de chaque groupe, tandis que l'autre moitié fut laissée sur son appétit. On permit alors à tous les sujets de manger des biscuits variés et ce tant qu'ils en voudraient en leur disant que leur tâche était de faire une estimation de la saveur de chaque biscuit, mais ce que l'on recherchait c'était surtout de savoir combien de biscuits chaque sujet avait mangé. On s'attendait bien sûr à ce que les sujets qui avaient mangé le hamburger et qui n'avaient donc plus faim mangent moins de biscuits. Il en fut ainsi, mais seulement chez les gens de poids normal. Le fait d'avoir mangé le hamburger ne fit aucune différence chez les personnes obèses. Elles mangèrent plus de biscuits que les autres, qu'elles fussent ou non dans la moitié du groupe qui avait mangé le hamburger au départ.

Si les individus obèses sont relativement insensibles aux signaux internes qui régularisent leur appétit, on est en droit de se demander qu'est-ce qui les affecte alors? Des recherches ont démontré que les personnes obèses répondaient aux signaux externes tels que la vue, le goût, l'odeur et la disponibilité de la nourriture plus que les individus dont le poids était normal.

Pour démontrer l'importance que la vue de la nourriture a sur certaines personnes, on a mis sur pied l'expérience suivante. Deux groupes composés chacun de personnes obèses et de poids normal sont privés d'un repas. Un sandwich est remis à chaque membre du premier groupe tandis que l'on donne trois sandwiches à chaque représentant du deuxième groupe. En quittant la pièce, l'expérimentateur dit aux sujets qu'ils peuvent, s'ils le désirent, se procurer d'autres sandwiches qui sont dans le réfrigérateur.

On note que, parmi les sujets pour qui les trois sandwiches étaient visibles, les individus obèses ont mangé *plus* que les individus de poids normal. On note, d'autre part que parmi ceux à qui l'on avait remis un seul sandwich et qui devaient aller au réfrigérateur pour s'en procurer d'autres, les personnes obèses ont mangé *moins* que les individus de poids normal. Il semble donc que les gens obèses aient tendance à continuer de manger tant et aussi longtemps que la nourriture est exposée à leur vue, sans tenir compte du fait que leurs besoins physiologiques soient satisfaits ou nom. Par contre, les individus de poids normal vont aller chercher la nourriture qui leur manque si celle qui était à leur disposition n'est plus disponible, et cela aussi longtemps que leurs besoins physiologiques n'auront pas été satisfaits.

Cette grande sensibilité aux stimuli externes reliés à la nourriture et cette relative insensibilité aux signaux internes, semblent être des raisons pour lesquelles certaines personnes ont de la difficulté à contrôler leur poids. L'absence de sensibilité aux sensations de satiété stomacale réduit le pouvoir, pour les individus obèses, de détecter qu'ils ont reçu assez de nourriture. Quand cette insensibilité est doublée d'une grande réceptivité au goût, à l'odeur et à la vision de la nourriture, ces personnes ont alors tendance à trop manger, spécialement dans une société comme la nôtre où une nourriture tentante est mise trop facilement à portée de la main.

À la suite de cet exposé il est facile de comprendre pourquoi il est si important pour ceux qui veulent surveiller leur poids, de faire attention aux suggestions visuelles ou sensitives engendrées par ces stimuli externes. Nous reparlerons dans le prochain chapitre du pouvoir de la suggestion et de la façon de s'en servir pour transformer ses habitudes alimentaires.

Mais si nous revenons un peu sur l'importance des troubles émotifs et de leurs relations avec l'embonpoint, nous nous apercevons que, souvent, ils se traduisent par des maladies du tube digestif, la constipation, la rétention d'eau, un rythme métabolique lent, une mauvaise assimilation, etc. Beaucoup d'autres problèmes peuvent être de nature psychosomatique (qui se manifeste à travers le corps). L'anxiété peut produire des effets physiques sur n'importe quelle partie du système digestif et se traduire par un gain de poids. Quand nous avons peur ou que nous nous sentons menacés, une réaction de stress apparaît (c'est ce que l'on appelle communément en anglais: *Fight or Flight Reaction*). En psycho-cybernétique on dit que l'esprit central ne fait pas de différence entre une situation physique réelle et une situation mentale imaginaire, que l'une est aussi vraie que l'autre et que le subconscient y réagit tout aussi fortement. Donc, l'esprit ne faisant pas de différence entre un stress réel occasionné par une situation physique réelle et une situation imaginée, mettra en marche toute une batterie de réactions physiologiques pour suffire aux demandes créées par l'état de combat ou de fuite. Pour se battre ou se sauver, l'esprit détermine que nous avons besoin d'une plus grande quantité d'énergie et d'oxygène dans les muscles. L'oxygène étant transporté par le sang, ce dernier doit circuler plus rapidement pour amener plus d'oxygène aux muscles qui se préparent à l'action. Évidemment, pour que le sang circule plus rapidement, le coeur doit battre plus vite et les poumons doivent fonctionner de façon accélérée pour fournir un plus grand volume d'air. Le rythme des battements de coeur est alors accéléré par une hormone appelée adrénaline qui est sécrétée par les glandes surrénales. Ces dernières sont à leur tour mises en action par d'autres glandes qui décrètent l'état d'alerte. Étant donné que nous ne possédons qu'une certaine quantité d'énergie, si une partie du corps en a un besoin accru pour répondre à une situation d'urgence, elle va l'emprunter à un autre système qui en a moins besoin à ce moment précis. Généralement, c'est le système digestif qui est taxé en premier, et la digestion est complètement stoppée.

Imaginons une situation type: vous vous promenez lentement sur le trottoir quand soudain un gros chien surgit et se met à vous grogner après en vous montrant des crocs menaçants. En une fraction de seconde, votre esprit délibère pour savoir si vous devez vous battre ou vous sauver. En même temps, toutes les réactions physiologiques du *Fight or Flight* sont activées; vous sentez votre coeur battre à tout rompre dans votre poitrine, vous vous essouflez rapidement et vos pensées réflexes circulent à la vitesse de l'éclair pour décider ce que vous allez faire. Éventuellement, cette situation physique réelle va se résoudre. Soit vous faites face au chien, soit vous vous sauvez. Dans les deux cas votre système physiologique va revenir à la normale une fois le danger écarté. Mais qu'en est-il dans une situation où l'on *imagine* être menacé? L'esprit, comme nous l'avons dit plus tôt ne fera pas de recherches pour savoir si le danger est réel ou pas, si l'émotion dégagée par la personne qui pense être vraiment menacée est assez forte, le même processus est enclenché, avec toutefois la différence suivante: tant que cette personne se sent menacée, les réactions du *Fight or Flight* vont être maintenues. Cela explique pourquoi les individus, sous l'effet de ce genre de stress continu, sont vite épuisés, ont constamment des battements de coeur, font de l'hypertension, ont des troubles digestifs de toutes sortes, ce qui, on s'en doute, peut facilement entraîner une perte ou un gain de poids souvent considérable.

La constipation peut et a souvent aussi des causes psychosomatiques. Elle est si répandue aujourd'hui que la vente de médicaments pour la combattre est presque aussi importante que celle des somnifères. Des millions de gens souffrent de constipation et doivent constamment stimuler le processus de digestion. De mauvaises combinaisons alimentaires en sont souvent la cause, mais quelquefois les raisons doivent être recherchées dans l'enfance, plus exactement au *stade anal* de Freud, c'est-à-dire au moment où on habitue l'enfant à *faire sur le pot.* Très souvent, l'enfant trouve un certain plaisir à résister à sa mère, à se *retenir* et ne pas faire ses besoins dans son pot. La mère, à bout de patience, s'énerve, le force à y rester et l'enfant refuse toujours de passer à l'action. Beaucoup plus intelligent qu'on ne le pense, il découvre rapidement que cette méthode est très efficace pour narguer ses parents. Une fois qu'il a gagné et prouvé qu'il pouvait retenir ses *cadeaux*, il se venge encore plus fortement et fait dans sa couche. Cette habitude de se retenir peut devenir inconsciente et une fois adulte, il souffrira de constipation.

L'avarice, selon certains psychiatres, peut être une autre cause de constipation. Ceux-ci croient, en effet, que chez certains individus l'Idée d'excrément s'associe inconsciemment à celle d'argent. L'Insécurité et la crainte de problèmes financiers pourraient aussi conduire à la constipation. Ce problème physiologique rajouté à des muscles intestinaux paresseux rend également le terrain propice au développement des hémorroïdes. Le rectum peut aussi être la victime d'une tension émotionnelle trop grande et parfois cet état devient si dangereux qu'il mène droit à l'intervention chirurgicale. Voilà bien là des causes émotives qui peuvent toutes mener à l'embonpoint.

Ma formation de naturo-thérapeute et de psychothérapeute m'amène souvent à travailler avec des gens obèses qui ont vainement tenté de maigrir par toutes sortes de moyens. Un régime de vie basé sur les combinaisons alimentaires a beau être efficace, il faut quand même faire l'effort nécessaire pour se motiver et se discipliner. Toutefois, certaines personnes souffrant de problèmes psychosomatiques (culpabilité, auto-punition) peuvent être incapables d'y parvenir et demeurent enchaînées au processus d'auto-destruction.

En écrivant ces lignes, nous ne pouvons nous empêcher de penser à une cliente dont le cas est relativement exceptionnel. Lors de notre première rencontre, E. nous explique ses nombreux essais infructueux pour maigrir. Après un nouveau régime qui lui fait perdre quelques livres, elle abandonne toujours pour retrouver finalement ses pulsions incontrôlables et *bouffer* de façon absurde tout ce qui peut lui tomber sous la main. Après quelques recommandations, elle se laisse guider dans un *rebirth* (thérapie régressive) vers la source de ses problèmes. Par une technique utilisant la respiration et la suggestion hypnotique, elle a donc régressé dans son passé où elle a pu prendre conscience de certains souvenirs qui étaient enfouis dans sa mémoire subconsciente. Après avoir découvert que son dégoût pour les hommes n'était rien d'autre en fait que sa haine pour son père et que c'était principalement dans le but d'être *grosse et forte* pour battre tous les hommes qu'elle mangeait comme un gladiateur, il fut très facile ensuite, avec l'aide de quelques suggestions, de l'aider à adopter des habitudes alimentaires plus saines. Une perte de poids régulière s'ensuivit accompagnée d'une sensation de liberté et de bien-être jamais connue auparavant...

Même les gens qui ne se pensent pas obèses peuvent souffrir d'obsessions et compulser sur la nourriture. Même sans prendre un seul kilo on peut souffrir de *chocolatisme* et nuire considérablement à sa santé.

Si en lisant ce chapitre vous vous êtes reconnu(e), il serait peut-être temps de faire un voyage intérieur pour vous libérer de vous-même. Quand les blocages et les pulsions seront éliminés, vous verrez comme il vous sera facile de mettre en pratique les conseils donnés ici.

12. Relaxation et auto-suggestion au service de la perte de poids

Tout changement d'habitudes, surtout celles qui sont re-liées à la prise de nourriture entraîne presque toujours de la nervosité, ce qui a tendance à bloquer ou ralentir les méca-nismes métaboliques. Les gens nerveux, comme il a été mentionné plus tôt, stoppent, en digérant mal, le processus d'assimilation et privent ainsi leur corps des éléments nutri-tifs qu'ils ont consommés.

Des techniques de relaxation ont été mises au point dans le but de pouvoir se détendre physiquement et mentale-ment. Cette détente favorise une économie d'énergie, aide à résoudre les problèmes et augmente la *motivation* pour persister dans ses nouvelles habitudes alimentaires.

Généralement la tension nerveuse va de pair avec l'im-possibilité de se détendre. Ne sachant pas comment pro-céder, bien des gens n'arrivent pas à se relaxer et sont aux prises avec une anxiété constante et grandissante. Vivre continuellement sous tension peut être très mauvais et causer, autant au corps qu'à l'esprit, beaucoup de mal; les maladies émotionnelles graves en sont souvent le résultat direct. Les ulcères d'estomac, l'hyperventilation, l'hypertension, les maladies cardiaques, les maladies de peau, le *burn out,* etc., sont presque toutes des conséquences du stress consécutif à cette tension nerveuse. En fait, on reconnaît maintenant dans les milieux médicaux que 80% des maladies d'aujourd'hui sont de nature nerveuse ou psychosomatique.

Le but de la relaxation est de faire baisser la tension nerveuse. Tout le monde peut y arriver avec un peu de persévérance. Apprendre à relaxer, c'est apprendre à contrôler les changements physiologiques de notre corps. En fait, la relaxation qui s'apparente beaucoup aux premiers stades de la méditation, consiste en une *redirection* de l'attention qui tend à induire un état de conscience altéré.

Comme la méditation, il s'agit de rester assis ou couché, les yeux fermés, et de concentrer son attention sur quelque chose en particulier: la respiration, les battements du coeur, une image mentale, différentes sensations corporelles, etc. Quelle que soit la méthode utilisée, le but est toujours le même: abandonner les pensées et sentiments journaliers qui représentent souvent des blocages ou des résistances à la détente.

Pendant la relaxation, le corps du pratiquant peut traverser une série de changements qui reflètent un ralentissement du métabolisme. On note que pendant la période de détente la plus intense, la consommation d'oxygène tombe à un niveau très bas, la respiration et le rythme cardiaque ralentissent, la résistance de la peau comme conducteur électrique augmente de façon marquée et la pression sanguine descend. En comparant ces indicateurs physiques avec ceux qu'on retrouve pendant le sommeil et l'hypnose,

des recherches ont démontré que ces états, plus particulièrement ceux obtenus pendant la relaxation *profonde*
étaient différents du sommeil et de l'hypnose.

Dès que la relaxation est assez profonde, des sensations
particulières et facilement reconnaissables par le pratiquant
expérimenté sont ressenties. Les sensations toutefois peuvent être perçues différemment chez chacun, mais les plus
communes sont des effets de lourdeur ou de légèreté dans
tout le corps ou dans certains membres, de la chaleur, du
froid, un certain engourdissement des mains ou des pieds,
une impression de distorsion dans les membres et, dans la
phase la plus profonde, que l'un de nos membres ou tout le
corps n'existe plus — ce qui est le premier stade de la méditation que l'on appelle *abandon des sens.*

À ce stade nous entrons dans un état de *transe.* Voilà un
mot qui fait bien peur parce que justement cet état est très
mal connu. Bien des gens ont l'impression que lorsqu'on
entre en transe, il y a perte de contrôle avec danger de s'endormir et de ne plus pouvoir se réveiller. Alors qu'il n'y a rien
de plus faux: la transe est un état où l'esprit, justement, demeure bien éveillé pour savourer le repos accordé au corps;
c'est comme si on pouvait être témoin de son sommeil. Il n'y
a donc, dans cet état de relaxation profonde, aucune perte
de conscience ni de contrôle; bien au contraire, n'étant pas
préoccupé par toutes sortes de pensées parasites (souvent
négatives), l'esprit possède un champ d'action beaucoup
plus vaste pour agir avec efficacité.

L'état de conscience altéré ou de transe n'a rien d'ef-
frayant et nous l'expérimentons tous plusieurs fois par jour
sans le savoir: quand nous sommes *dans la lune,* par exemple, ou lorsque nous lisons un bon livre et que plus rien
n'existe que l'histoire dans laquelle nous sommes plongé.
Ne vous êtes-vous pas déjà retrouvé en train de regarder un
programme de télévision ou un film si captivant que vous

n'en entendez même plus la sonnerie du téléphone? Il y a aussi une situation que tout conducteur peut facilement se remémorer: vous roulez sur l'autoroute bien calé dans le siège moelleux de votre automobile, les mains sur le volant, les yeux fixés sur la ligne blanche de dépassement, tout en écoutant une belle mélodie qui joue à votre poste de radio. Et, tout à coup, vous vous rendez compte que vous avez traversé une ville, qu'elle est maintenant derrière vous, mais que vous ne vous souvenez pas de l'avoir fait. En réalité, vous étiez en état de transe et vous avez alors expérimenté un phénomène d'amnésie.

Ces états sont normaux, ils font partie de notre vie quotidienne et nous ne devrions pas en avoir peur. Par la relaxation profonde, nous pouvons provoquer cet état de transe et apprendre à utiliser l'état de suggestibilité qui s'y associe. Déjà, avec la seule détente, on facilite le processus de digestion, d'assimilation, d'élimination et de conservation de l'énergie ce qui favorise l'amaigrissement, mais on peut faire plus encore.

L'état de suggestibilité ou la capacité de réagir à la suggestion est possible grâce à la partie de notre psychisme que l'on nomme *subconscient*. C'est Sigmund Freud qui est, en grande partie, responsable de cette théorie du subconscient et c'est lui qui en a établi les lois. Controversées, critiquées ou vénérées, il n'en reste pas moins que ses idées sur la partie cachée de notre esprit sont encore enseignées aujourd'hui dans la plupart des facultés de médecine et les centres psychiatriques du monde occidental, et la plupart des médecins les admettent. Dans les autres parties du monde, Freud rencontre moins d'audience. Le psychiatre y prend plutôt pour base les travaux et les théories du médecin russe Pavlov.

Ce dernier décrivait l'esprit comme étant formé de trois couches bien distinctes: la première, la conscience, ce qui nous fait penser, discuter, ou analyser est appelée l'*Ego*; la deuxième, le *Super-ego,* la partie de la conscience considérée comme étant supérieure; et finalement, la couche inférieure, la troisième partie, appelée le *Soi,* qui est le siège de la mémoire et de nos instincts.

Par contre, Freud traite d'une quatrième couche de la conscience, entre le *soi* et l'*ego* qu'il appelle *préconscience.* Le terme subconscient, tel qu'entendu ici, comprend exclusivement le soi, c'est-à-dire le centre des instincts et des réflexes animaux.

Le docteur Carl Jung, psychiatre suisse de renommée mondiale, estimait, lui, que le *super-ego* n'était pas exactement la conscience, mais que c'était la partie la plus spirituelle de notre esprit. Cet *esprit super-conscient,* Jung le considère comme faisant partie d'un *subconscient universel,* directement relié à Dieu ou une partie de l'Être Suprême et c'est de là, probablement qu'il tire sa fameuse théorie de l'*Inconscient collectif.*

Pour mieux comprendre le fonctionnement de l'appareil psychique, identifions ici clairement le rôle des trois niveaux de conscience et leurs agissements dans une situation donnée. En nous basant sur les idées exposées précédemment, disons que le rôle principal du subconscient est la libération immédiate des tensions, c'est-à-dire que, pour toute tension, un plaisir égal est libéré pour venir annuler cette tension. Étant donné que le subconscient n'est pas logique, cette réaction risque d'être mal adaptée à nos besoins, car dans le processus de création du plaisir, le subconscient ne tient pas compte des conséquences. Cette réaction se manifeste surtout sous forme de réflexe ou de compulsion. Le frein qui donne un peu de retenue à tout ça, c'est le *moi,* l'*ego* qui agit comme filtre, analyse et tente de trouver un compromis ou une solution plus sécuritaire, plus *logique* et mieux adaptée à l'*ici et maintenant.* Mais le super-ego ou super-conscience, qui représente l'aspect spirituel ou le sens moral de notre être, viendra interférer dans la recherche du compromis en augmentant ainsi les risques de conflits intérieurs.

Voyons maintenant ce qui se passe en nous lorsque nous sommes confrontés à une situation frustrante ou choquante:

Il est 17 heures, vous venez de terminer une journée de travail qui a été passablement difficile, vous êtes fatigué et irritable. Dans l'ascenseur bondé qui vous emmène vers la sortie, on vous bouscule et l'on vous pousse, ce qui vous rend encore plus irritable. Lorsque n'en pouvant plus, vous interpellez un individu en particulier en lui demandant d'arrêter de vous pousser, une dispute éclate et il se met à vous injurier... Votre premier réflexe animal (qui représente le plaisir) serait de l'injurier à votre tour ou de lui mettre votre poing sur le nez. Mais, étant donné que vous vivez en société et qu'il serait mal vu d'adopter l'un ou l'autre de ces comportements en public (vous ne voulez pas ternir votre image) et que vous risqueriez d'envenimer la situation, vous cherchez un compromis. À la vitesse de l'éclair vous allez analyser logiquement la situation et penser par exemple: «Au lieu de hurler ou de le frapper ici, maintenant, je vais me venger plus tard, de telle ou telle façon.» Presque aussitôt votre sens de la moralité (superconscient) se mettra de la partie et dira à son tour: «Mais voyons, ce n'est pas correct de vouloir se venger, je dois lui pardonner.»

Cet exemple démontre bien ce que nous vivons tous, des dizaines de fois par jour. Il n'est pas étonnant que l'on soit si stressé! Pour bien faire la part des choses, il faut dire que la situation décrite ici comporte des réactions tout à fait naturelles et qui font partie intégrante de tout être humain en bonne santé. Là où cela se complique, toutefois, c'est si l'un des niveaux prend le dessus sur les autres, comme la personne qui règle tous ses problèmes à coups de poing ou en mangeant compulsivement, ou encore l'intellectuel qui n'en finit plus d'analyser et le *sur-spirituel* qui professe un sens démesuré de la vie.

En plus de régir les fonctions de plaisir pour équilibrer les tensions, le subconscient contrôle tous les mécanismes du corps. Il en contrôle chaque organe, chaque glande: votre cœur bat sans que vous y pensiez, vos poumons respirent de façon inconsciente, vos yeux clignotent, les cellules de votre peau sont remplacées sans que vous deviez faire quoi que ce soit, etc. Il contrôle probablement aussi les réactions électro-chimiques de votre corps.

Mais ce qui fait la particularité du subconscient, c'est qu'il est "programmable"; par l'auto-suggestion on peut contrôler la circulation du sang, modifier la vitesse du rythme cardiaque, agir sur l'activité des organes et des glandes, et, entre autres, stimuler ou activer le rythme métabolique de base qui, en accélérant le processus de digestion et d'élimination, favorise la perte de poids. Certaines personnes utilisent aussi la suggestion pour accélérer le processus de guérison ou pour élever ou rabaisser la température du corps.

Il est important de savoir que le subconscient, qui n'est pas *logique* ne juge pas à la manière du conscient, il accepte tout — même si, d'un point de vue rationnel, les idées suggérées peuvent sembler contraires à la raison ou paraître totalement dénuées de bon sens.

Si l'on pose, à quelqu'un, en état de veille, la question suivante: «Voulez-vous me dire où vous êtes né?», cette personne vous répondra sûrement par un nom de lieu, comme Montréal, ou Trois-Rivières. Toutefois, si cette question est posée à la même personne en état de relaxation profonde, la réponse sera «oui» ou un hochement de tête. Oui, elle veut bien nous dire où elle est né... La réponse donnée en état de veille a été faite à la suite d'une analyse de la pensée rationnelle qui a présumé que la réponse attendue était le nom de l'endroit et non si l'on acceptait ou pas de révéler notre lieu de naissance.

Le subconscient a besoin de beaucoup plus de spécifications et de précisions dans les questions qui lui sont posées. On doit lui parler un peu comme on parle à un enfant. Si vous dites à votre fils: «André va faire ton lit», il vous répondra sûrement par un «oui». Dix minutes après l'ordre donné, et vous rendant compte que le lit n'a toujours pas été fait, vous répétez votre ordre, il vous répondra toujours par un «oui» sans toutefois s'exécuter. Après avoir fait durer ce petit jeu quelque temps, irrité, vous répétez votre ordre, mais cette fois de façon un peu différente: «André, va faire ton lit *immédiatement !*», et André, s'exécute sur-le-champ. Oui, il voulait bien le faire son lit, mais vous ne lui aviez pas spécifié quand vous vouliez qu'il le fasse.

Il existe un autre exemple qui illustre bien ce point, c'est celui du coureur à pied qui, chaque jour d'entraînement, se faisait la suggestion suivante: «Plus je cours et plus je deviens fort, résistant et rempli d'énergie.» Les journées où il faisait son entraînement, il était indéniablement résistant et plein d'énergie, mais les jours où il ne s'entraînait pas, il se retrouvait fatigué et sans énergie.

Depuis toujours, l'être humain réagit à la suggestion. Sans cette faculté, il serait très difficile, si ce n'est impossible, de se transformer et se perfectionner. D'ailleurs, dans un état de conscience altérée ou lors d'une violente émotion, l'effet de cette faculté double ou triple même d'intensité. C'est pourquoi elle est si souvent utilisée en hypnose. En fait, l'hypnose est entièrement basée sur la suggestion.

Il est facile de se rendre compte jusqu'à quel point nous sommes influençables en exécutant le mauvais tour que voici: de concert avec certains de vos confrères de classe ou de travail, choisissez une personne et accueillez-la le matin en lui faisant croire qu'elle a triste mine et lui disant qu'elle doit se sentir mal. Faites en sorte qu'au cours de la matinée, différentes personnes répètent sensiblement, à leur manière, les mêmes propos. Vous réaliserez que, très bientôt, votre *sujet* affichera véritablement un air piteux et ressentira le besoin de prendre congé.

Dans le domaine de la pharmacologie, on est très conscient de ce phénomène. Au cours d'expériences, on administre à la moitié d'un groupe cible un *placebo,* c'est-à-dire une pilule composée d'un mélange sucré totalement inactif et qui ressemble au vrai médicament; à l'autre moitié est administré le médicament normal. Une fois le test terminé, les résultats obtenus par les personnes ayant pris le placebo sont similaires, à quelques patients près, à ceux obtenus par les personnes qui ont pris le vrai médicament.

Toute phrase ou image répétée plusieurs fois, dans un laps de temps réduit, prend une tournure suggestive. Les publicistes connaissent bien cette réalité et l'utilisent souvent. L'envie de prendre une bonne bière après la pratique d'un sport nous a peut-être été suggérée par les annonces publicitaires télévisées ou autres.

Les suggestions peuvent être de nature permissive, directe, indirecte, positive, négative, visuelle, auditive, sensitive ou même avoir l'effet d'un ordre. Il est facile de se faire prendre au jeu subtil du langage corporel. Combien de fois avons-nous entendu qu'une telle avait une démarche suggestive et un tel des yeux qui parlaient. Pour être efficace, une suggestion ne doit pas forcément être répétée à haute voix. Une pensée définie ou une idée fixe suffit pour impressionner raisonnablement le subconscient. Toutefois, si elle est doublée d'une image visuelle, la suggestion verbale gagne en puissance.

Lorsqu'une suggestion est formulée, elle s'adresse directement au subconscient. Il est donc important de connaître les lois qui régissent le fonctionnement du subconscient et sa façon de réagir. Ces lois étant multiples, il ne sera fait mention, ici, que d'une seule, mais certainement la plus importante:

Une suggestion positive est plus puissante qu'une suggestion négative.

Expliquons-nous: Les termes "ne peut pas" ou "ne pas" sont des suggestions négatives qui doivent être évitées. «Je n'aurai pas mal à l'estomac aujourd'hui», est une suggestion négative. La reformulation positive devrait se faire ainsi: «Mon estomac fonctionnera bien aujourd'hui.»

Le subconscient a besoin de temps pour accepter une suggestion et y obéir. Il est donc important de ne pas le surcharger. Il est aussi très important de situer ses suggestions dans le futur immédiat, plutôt que dans le présent. La phrase «mon mal de tête disparaît» est contraire à la réalité, car il ne peut pas disparaître spontanément. De plus, dans cette affirmation, l'idée du *mal* de tête est entretenue, ce qui est une erreur. Il faut suggérer au contraire: «Ma tête ira de mieux en mieux», en laissant le temps au subconscient de traduire ces idées en actions.

Pour ceux qui en seraient capables, comme il a été mentionné plus haut, le fait d'ajouter une image visuelle aide la suggestion à acquérir de la puissance. Le subconscient a tendance à réaliser, lui-même, une image visuelle qui est ensuite émise de façon prolongée et répétée. Frederic Pierce, un des collaborateurs d'Émile Coué qui fut l'un des pionniers de l'auto-suggestion, a émis la "loi de l'idée dominante":

Une idée tend toujours vers sa réalisation.

Voici un exemple d'image visuelle. À la fin de votre journée, vous êtes fatigué et vous désirez dominer cet état par la suggestion. Après avoir suggéré à votre subconscient que vous allez vous sentir reposé, projetez une image de vous-même détendu, souriant et plein d'énergie. Imaginez-vous en train de pratiquer votre sport préféré ou en train de vous promener paresseusement dans le paysage de vos rêves en respirant à pleins poumons. Vous serez surpris du résultat et surmonterez rapidement votre fatigue. L'image visuelle doit toujours représenter le résultat que l'on désire obtenir.

Il est également important d'établir un motif pour accepter une suggestion. En suscitant une émotion et en la reliant à la suggestion, la puissance de celle-ci s'en trouve renforcée. Ce qui précède fait aussi partie de la *loi de l'idée dominante* de Pierce qui dit que «l'esprit porte toujours attention à l'émotion la plus forte en nous.»

Émile Coué qui dirigeait, au début du siècle, une clinique d'auto-suggestion à Nancy en France, en vint, après de nombreuses recherches, à affirmer qu'une suggestion efficace pouvait aussi être de portée générale, non spécifique à un cas donné, et qu'elle pouvait délibérément négliger de fournir au subconscient une tâche précise. Une suggestion ainsi conçue comprend tous les buts que l'on désire atteindre, et pas seulement un but donné. Cette formule a une valeur incontestable et a donné naissance à la suggestion suivante qui fut très à la mode du temps de Coué:

Dès maintenant et tous les jours, sur tous les points, je deviendrai de mieux en mieux.

Coué formula plusieurs autres lois importantes concernant la suggestion dont *la loi du résultat inversé,* où il est dit que si une personne pense faire quelque chose, mais qu'elle ne le peut pas (pensée négative), plus elle s'y essaiera activement, moins elle y réussira. On peut rapprocher ceci de l'effet obtenu en utilisant le mot *essai*. En disant *j'essaie-rai*, on implique un doute, comme si l'on s'attendait à une défaite. L'action doit être abordée de façon positive: vous aller *faire* quelque chose, et non pas *essayer de faire* quelque chose.

L'exemple le plus flagrant et que nous rencontrons tous un jour ou l'autre est celui de l'insomnie. Quelqu'un qui souffre d'insomnie et qui va au lit en pensant (suggestion négative): «ce soir, comme d'habitude, je n'arriverai pas à m'endormir», essayera de s'assoupir et plus il s'y efforcera, moins le sommeil viendra. Lorsque, plus tard, complètement épuisé, il y renoncera et pensera à autre chose, il tombera endormi sans s'en apercevoir.

Voici donc un résumé des principales étapes à suivre pour structurer et utiliser convenablement une suggestion.

1. **La suggestion doit être donnée dans un futur immédiat**, parce que si elle ne prenait pas effet tout de suite, l'expérimentateur perdrait confiance.

2. **Elle doit avoir un moment de départ (dès maintenant).** Le subconscient n'est pas logique et il faut, dans certains cas, lui donner beaucoup de précisions.

3. **La suggestion doit être faite dans le sens d'une augmentation, d'un renforcement**, de jour en jour et de plus en plus.

4. **La suggestion doit être positive.** Ne jamais employer de termes négatifs. Exemple négatif: «Dès maintenant et de jour en jour, j'ai de moins en moins peur de l'eau.» Exemple positif: «Dès maintenant et de jour en jour, je me sens de mieux en mieux sur l'eau.»

5. **Ne pas essayer plus de deux suggestions à la fois**, car le subconscient doit prendre le temps d'accepter et d'accomplir les suggestions données.

6. **Répéter les suggestions plusieurs fois par jour**, le moment le plus propice étant le soir au coucher, pendant une bonne détente ou une séance d'auto-hypnose. Elles peuvent aussi être enregistrées sur bande magnétique et écoutées durant le sommeil (l'état *alpha* étant le plus réceptif aux suggestions).

Voici quelques exemples de suggestions:

- **Dès maintenant, et de jour en jour, je deviens de plus en plus fort, résistant et rempli d'énergie.**

- **Dès maintenant, et tous les jours, sur tous les points, je deviendrai de mieux en mieux.**

- **Dès maintenant, et de jour en jour, ma santé ira de mieux en mieux.**

- **Dès maintenant, et de jour en jour, je maigris de plus en plus.**

- **Dès maintenant, et de jour en jour, je me nourris de mieux en mieux.**

En sachant comment construire une phrase auto-suggestive, il est très facile d'appliquer ces principes pour répondre à ses besoins spécifiques. Une personne dont la constipation semble faire obstacle à son amaigrissement pourrait se faire la suggestion suivante: «Dès maintenant et de jour en jour j'élimine de mieux en mieux.» Pour favoriser la combustion des graisses on pourrait formuler la demande ainsi: «Dès maintenant et de jour en jour, mon rythme métabolique s'accélère de plus en plus.»

Les possibilités sont illimitées et l'auto-suggestion représente un moyen de soutien très efficace dans tout programme de perte de poids. La suggestion est toujours efficace, mais elle augmente toutefois de force si elle est donnée alors que le sujet est dans un état de suggestibilité accrue: relaxation légère ou, préférablement, profonde.

Des livres entiers ont été écrits sur l'art de se relaxer. Le plus connu est l'ouvrage de Jacobson "*You Must Relax*" (*Vous devez relaxer*), Wittlesey House, New York. *La relaxation progressive* comme il l'a nommée, a eu beaucoup de succès à l'époque. Toutefois, cette méthode demande plusieurs semaines d'exercices constants et il est préférable d'utiliser des méthodes plus simples et plus rapides.

Le premier exercice de détente s'adresse surtout aux gens nerveux qui ont de la difficulté à tenir en place. On l'appelle *la tension dynamique.* On procède ainsi:

- Étendez-vous sur un lit ou un divan.
- En fermant les yeux, décontractez les muscles de votre nuque et de vos épaules.
- Faites faire à votre tête quatre rotations dans le sens des aiguilles d'une montre, en tentant de relâcher de plus en plus les muscles.
- Répétez ensuite la même rotation dans le sens contraire des aiguilles d'une montre.
- Relâchez ensuite votre tête.
- Soulevez votre jambe droite d'environ vingt centimètres.
- Contractez les muscles de la jambe afin qu'ils se fatiguent rapidement.
- Gardez en l'air la jambe ainsi contractée tout en visualisant mentalement les muscles, des orteils à la hanche.
- Les yeux doivent demeurer fermés tout au long de cet exercice.

La visualisation mentale des muscles de la jambe détourne l'attention des muscles des épaules et de la nuque, leur permettant de se relaxer automatiquement.

Vous devez garder la jambe en l'air jusqu'à ce que celle-ci soit extrêmement fatiguée et que cette position devienne intenable. Selon la résistance de chacun, ceci peut prendre de deux à trois minutes. Quand cette position est devenue intolérable, on ne doit en aucun cas redescendre la jambe lentement, il faut la laisser tomber d'un coup, complètement décontractée.

- Recommencez le même exercice que précédemment avec la jambe gauche.
- Levez ensuite le bras droit, le poing fermé, contractez-en les muscles à l'extrême jusqu'à l'épaule afin de les fatiguer le plus vite possible.
- Imaginez de nouveau que vous voyez mentalement tout le circuit musculaire du bout des doigts jusqu'à l'épaule.
- Répétez ce processus jusqu'à ce que votre bras soit ankylosé, soit au bout de quatre à cinq minutes.
- Dès que le bras droit est retombé décontracté, recommencez la même chose avec le bras gauche.

Vous pouvez continuer ainsi avec toutes les autres parties du corps telles que la contraction et décontraction de la nuque, des muscles faciaux, de la gorge, de la poitrine, des muscles abdominaux, des fesses et/ou des sphincters, ce qui est une excellente habitude pour combattre la constipation. Comme pour le début de l'exercice, on doit accompagner chaque contraction et décontraction d'une vision mentale des muscles concernés.

Le deuxième exercice proposé est encore plus simple et peut être pratiqué n'importe où. Il s'agit de vous installer confortablement, assis ou couché, cela n'a pas d'importance. Commencez alors à prendre conscience pendant quelques instants des sons et des bruits qui vous entourent, en acceptant l'idée que tout au long de cette détente tous les sons et tous les bruits que vous allez percevoir ne vous dérangeront pas, même ceux qui pourraient survenir brusquement. Dites-vous aussi que plus vous allez entendre ce qui se passe autour de vous plus vous allez vous calmer et vous détendre. Commencez à faire attention à votre respiration, plus particulièrement à l'expiration, en vous suggérant la phrase qui suit: «Dès maintenant, et de plus en plus, à chaque expiration, je deviens de plus en plus calme et détendu.»

Continuez ainsi jusqu'à ce que vous ressentiez les effets de la détente qui, dans ce cas, pourrait se manifester par une sensation de lourdeur ou de légèreté, ou l'impression de vous enfoncer dans votre fauteuil. Le moment le plus propice à la suggestion étant la détente profonde, vous pourriez donc, une fois ce stade atteint, commencer la phase d'auto-suggestion. Comme il a été dit plus tôt, la suggestion peut être visuelle ou verbale, mais pour un maximum d'efficacité, l'utilisation des deux est recommandée. Donc, dès que les effets de la relaxation profonde se font sentir, commencez à imaginer votre apparence une fois que vous aurez atteint votre but; visualisez-vous, par exemple, mince comme vous le désirez, en maillot de bain, en train de vous faire bronzer sur une plage ou en train de porter fièrement d'anciens vêtements devenus trop petits avec les années, ou encore vous faisant complimenter pour votre nouvelle taille..., enfin toute situation susceptible d'augmenter votre motivation dans le but de maintenir vos nouvelles habitudes alimentaires. Pendant que vous vous projetez ces images, répétez mentalement et continuellement des suggestions dont vous aurez au préalable établi le sens et le but à atteindre.

13. L'exercice

Les gens qui font de l'exercice régullèrement ont plus tendance à faire attention à leur alimentation. Voilà la conclusion d'une étude récente effectuée auprès des gens de la rue. La pratique d'un sport ou d'exercices réguliers amène les gens à changer leurs habitudes alimentaires. L'exercice est aussi utile pour maigrir que pour se maintenir en forme, physiquement ou psychologiquement.

Les bienfaits de l'exercice sont multiples. Tout exercice, quel qu'il soit, est souhaitable pour qui désire, non seulement perdre du poids, mais aussi être en bonne santé. Toutefois, pour maigrir, les exercices aérobiques sont les plus indiqués. Pour qu'il soit qualifié d'*aérobique,* tout exercice doit amener le rythme cardiaque à environ 140 battements à la minute et le maintenir ainsi durant 20 à 30 minutes. Il est toutefois recommandé, pour obtenir l'efficacité maximum, de s'entraîner trois fois par semaine. Ceux qui débutent devraient cependant atteindre très progressivement ce plafond. Dans cette optique et pour être certain de ne pas aller trop rapidement, la règle est de s'entraîner à 80% de ses capacités 20 ou 30 minutes, maximum. L'intensité étant toujours calculée à partir de vos capacités, elle va augmenter au fur et à mesure que votre condition physique s'améliorera, jusqu'à ce que vous puissiez atteindre le plafond de 140 battements de cœur à la minute (bien entendu les atlètes et les sportifs assidus peuvent avoir un plafond beaucoup plus élevé). Il est évident qu'avant d'entreprendre tout programme de conditionnement physique, on doit consulter un médecin sur son état de santé. Les personnes qui ont des doutes ou celles qui avancent en âge, devraient prendre ce conseil très au sérieux.

L'aérobie favorise particulièrement la perte de poids parce qu'elle stimule la circulation sanguine et assure un bon drainage des toxines, ce qui est particulièrement efficace contre la cellulite qui est, en fait, une intoxication des tissus. Le cœur, entraîné à battre plus régulièrement, devient plus efficace et assure ainsi une meilleure irrigation du cerveau tout en prévenant les maladies de cœur. Un système cardio-vasculaire en bon état est garant du bon fonctionnement de tous les organes et aide à éliminer l'arthrite et le rhumatisme. L'irrigation profonde des tissus que provoque l'exercice aérobique, stimule le renouvellement des cellules ainsi que la pousse des cheveux et des ongles.

L'exercice est aussi efficace dans la prévention des problèmes de la peau, il augmente la résistance des vaisseaux sanguins et prévient la formation de "bleus" et de varices. Les os, les muscles, les articulations et les ligaments, renforcés par l'exercice, corrigent les mauvaises postures, bombent les poitrines et creusent les tailles. Les muscles, rendus plus forts, se fatiguent moins vite et la résistance à l'effort est augmentée. Grâce à son effet relaxant sur le système nerveux, il diminue l'anxiété et combat l'insomnie.

L'exercice occasionne toujours une perte de poids pourvu qu'on s'y adonne sérieusement, car il entraîne une dépense supplémentaire de calories qui sont prises à même les réserves graisseuses du corps — si, bien sûr, la quantité de nourriture ingérée est raisonnable. Si donc, on ne mange pas plus que d'habitude, les graisses brûlent plus rapidement et une perte de poids s'ensuit. Certaines personnes disent que faire de l'exercice augmente l'appétit, mais c'est le contraire: les muscles qui travaillent le plus pendant l'entraînement réclament une plus grande quantité de sang, d'oxygène et, finalement, d'énergie. Le corps doit alors compenser en empruntant ailleurs l'énergie dont il a besoin — généralement dans le système digestif. La digestion s'arrête et l'appétit disparaît. C'est pourquoi on ne doit pas faire d'exercices après un gros repas. Il est recommandé d'en faire un peu avant.

En plus de la détente et du défoulement qu'il procure, l'exercice encourage la discipline et incite à mener une vie plus régulière. Quelqu'un qui s'entraîne sérieusement ressent le besoin de s'éloigner d'un mode de vie qui empêcherait l'amélioration de sa condition physique. Quand on s'est couché tard la veille, qu'on trop mangé et trop bu, les performances sportives du matin sont pauvres, le souffle est court, les muscles sont douloureux et l'endurance faible.

L'exercice régulier, surtout l'aérobie, agit efficacement contre le vieillissement des tissus. Entretenus et sollicités régulièrement, les muscles, les os et tous les organes sont bien nettoyés et lubrifiés, ce qui assure au corps une plus grande vitalité et, de là, une plus grande longévité. Le vieillissement prématuré est dû à une ignorance de ce principe, à une mauvaise alimentation et un à état de stress constant. L'hérédité qui, selon certaines personnes, nous prédestine à cet état de chose n'est pas un facteur que l'on peut accepter d'emblée. La personne dynamique qui se prend en charge ne s'avouera pas vaincue si facilement et fera tout ce qui est en son pouvoir pour renverser ce processus. Vieillir ne veut pas forcément dire devenir débile et impotent. Ceux qui le deviennent n'ont peut-être pas su entretenir leur jeunesse et leur passion. Les personnes qui n'ont développé d'autre intérêt que le travail, se trouvent bien démunies et désemparées quand vient l'heure de la retraite; elles se sentent inutiles, sans buts, sans intérêts et subissent alors un vieillissement aussi intense que rapide.

Si l'on veut rester jeune longtemps, on doit préparer sa vieillesse. Ce n'est pas en pensant que vieillir c'est pour les autres ou en niant tout simplement cet état de fait que l'on va passer à côté, mais plutôt en conservant, face à la vie, une attitude positive. Cela implique beaucoup de choses et demande souvent des efforts considérables et c'est quand on est encore jeune qu'il faut commencer. Il n'est jamais trop tard pour entreprendre cette démarche, mais le faire quand on est fatigué et usé par l'âge s'avère souvent une tâche impossible. Se prendre en charge quand on est plus jeune, cultiver des intérêts, des hobbies, faire de l'exercice, adopter une façon saine de se nourrir, bien se relaxer, apprendre à se connaître de façon sérieuse, se libérer des peurs et des complexes qui nous habitent, voilà bien des moyens efficaces d'être heureux et de conserver sa jeunesse. La nature dans sa sagesse n'a pas prévu d'âge pour mourir, seuls les hommes l'on fait. On n'a que les limites qu'on se donne et les maladies qu'on se crée.

Grâce à l'entraînement, les muscles sont fermes, la peau lisse et souple, le cœur demeure fort et résistant et l'esprit reste clair. Faire de l'exercice peut devenir très agréable, au point même d'en devenir une habitude. Dès l'instant qu'on prend conscience des effets bénéfiques que procure la pratique régulière d'un exercice, on ne peut plus s'en passer: la digestion, l'assimilation et l'élimination s'améliorent; on se sent mieux, plus léger, tout mouvement ne nécessite plus d'efforts comme autrefois, on dort bien, on est plus positif dans ses propos et son comportement quotidien, on se sent plus fort, plus jeune et surtout, on perd du poids. Il paraîtrait même, selon certains chercheurs que, lors d'un entraînement intensif, une certaine hormone à action calmante et relaxante serait sécrétée, ce qui engendrerait à son tour un besoin grandissant d'exercice.

Pour ceux qui désirent s'entraîner sérieusement, il est recommandé de s'adresser à des centres spécialisés dans ce domaine, en prenant soin toutefois de privilégier l'exercice aérobique. Les YMCA, en plus d'offrir un test d'évaluation de la condition physique (qui dans certains cas est obligatoire avant de débuter tout entraînement), offrent aussi des programmes spécialisés pour les gens âgés et les cardiaques. Mais il y a sûrement aussi d'autres bons centres dans votre quartier qui sauront satisfaire vos besoins.

La marche à pied est sans contredit l'exercice tout indiqué pour ceux qui commencent, qui avancent en âge ou qui ont un surplus de poids. Avec l'autorisation de votre médecin, commencez progressivement à marcher jusqu'au coin de la rue, puis jusqu'au coin de la rue suivante et ainsi de suite. Dès que les distances marchées n'offrent plus autant de difficultés, vous pouvez commencer à accélérer le pas tout en refaisant la même progression. Après quelques mois ou plus de cet entraînement, et selon votre capacité physique, vous pouvez accéder au jogging. En refaisant le même parcours, commencez, cette fois-ci, à "courir" doucement sur une petite distance, puis marchez pour récupérer, et ainsi de suite en alternant continuellement, jusqu'à ce qu'avec le temps, vous puissiez courir sans efforts.

Il ne faut jamais entreprendre d'activités physiques intenses avec l'estomac complètement vide, cela pourrait déclencher des crises d'hypoglycémie ou occasionner des évanouissements. Il vaut mieux, surtout pour ceux qui débutent, prendre quelques bouchées d'un fruit. Il ne faut pas non plus faire de l'exercice trop vite après un repas car, comme nous l'avons mentionné précédemment, l'exercice retarde momentanément la digestion. Débutez toujours en réchauffant et en assouplissant les muscles afin d'éviter les blessures. Il va sans dire aussi que le port d'une bonne paire d'espadrilles qui soutiennent la plante du pied et amortissent les chocs, est de rigueur.

N'oublions pas que l'ébranlement initial qu'on éprouve au début d'un régime intense ne laisse souvent que très peu d'énergie disponible pour faire de l'exercice physique. Ceci ne risque pas de se produire en n'adoptant que les bonnes combinaisons alimentaires, puisque dans cette approche, l'apport calorique n'est pas obligatoirement réduit et que, l'assimilation étant meilleure, le corps, mieux nourri, dispose de plus d'énergie.

14. Préparation

Tout plan d'amaigrissement devrait commencer par un bon nettoyage du foie. En adoptant la méthode des combinaisons alimentaires, qui n'est pas un régime en soi, la désintoxication du foie peut s'accomplir en même temps que débute votre nouveau programme.

Le foie est un organe aussi vital que le cœur et les poumons. Si le cœur ou les poumons arrêtent subitement de fonctionner, nous mourrons instantanément, si le foie cesse d'assumer ses fonctions, nous mourrons aussi, moins rapidement toutefois, mais tout aussi sûrement. C'est pourquoi, dans ce chapitre, il nous a paru important de vous sensibiliser à l'importance d'un foie en bonne santé et de sa relation avec les problèmes de poids.

Ce n'est pas toujours sans surprise et sans réticences qu'on apprend que l'origine de nos problèmes ou de nos inconforts divers se situe au niveau du foie, alors que l'on ne ressent aucune douleur à cet endroit. Le foie est très rarement le siège de la douleur, mises à part évidemment des maladies hépatiques proprement dites comme les abcès ou les lithiases biliaires, les inflammations de la vésicule biliaire qui sont douloureuses au toucher, les coliques hépatiques ou autres manifestations qui provoquent des douleurs au côté droit.

Le foie sécrète la bile, substance complexe à possibilités multiples, qui neutralise certains acides venant de l'estomac; ce qui favorise l'action du pancréas sur les corps gras. En plus d'aider l'absorption des graisses, elle favorise celle de la vitamine K, et contribue, entre autres, à l'élimination de certains corps toxiques et des déchets hémoglobiniques.

La bile est composée de sels biliaires, de cholestérol et de bilirubine, pigment qui la colore ainsi que les selles. Elle désagrège l'hémoglobine des globules rouges et récupère le fer qui vient s'emmagasiner dans le foie; elle sépare aussi d'autres corps tels que les protéines, les pigments, etc.

Le foie qui pèse en moyenne de 1,5 à 2 kg participe aux fonctions de digestion aussi intensément que l'estomac, les glances salivaires et gastriques, le pancréas, le duodénum, etc. Certaines de ses sécrétions se déversent dans l'appareil digestif et d'autres dans le sang.

Son rôle sur le maintien et le rétablissement de l'équilibre général est des plus important. En plus d'agir comme filtre entre l'intestin et le cœur, le foie a un rôle capital dans la formation du sang, la transformation des protéines et des graisses, la fixation, la neutralisation de certains poisons, la production de plusieurs enzymes et l'accomplissement de nombreuses fonctions de régularisation. Il contribue à répartir les matériaux et à en assurer la transformation biologique pour qu'ils soient mieux assimilés par l'organisme. Sans ce processus, les meilleurs aliments pourraient devenir des poisons pour le corps. Le foie est aussi responsable de la sécrétion de substances de protection. L'insuffisance de ces substances peut favoriser l'apparition ou le maintien des infections.

Tous les jours, le foie sécrète de 500 à 1000 cc de bile ayant comme rôle principal la digestion et l'utilisation des graisses. Les substances nutritives ne sont utilisables par le corps qu'après l'intervention du foie qui les transforme et les "métabolise". Avec la bile se terminent la digestion et l'assimilation des graisses, commencées par le pancréas. C'est le foie donc qui filtre et transforme avant leur utilisation ou leur stokage, graisses, albumines, sucres, vitamines, etc. C'est aussi grâce aux sécrétions du foie que l'acide urique, les sels ammoniacaux, et les acides aminés excédentaires peuvent être évacués dans l'urine. Dès qu'une substance toxique est absorbée, le foie l'intercepte, la neutralise et la rejette avec la bile dans l'intestin où elle sera éliminée. Chaque fois qu'on absorbe un médicament, même à une dose infime, ceci provoque toujours un surmenage ou, chez certaines personnes, une défaillance du foie. Ce dernier, intoxiqué, finit par très mal remplir ses fonctions de défense, ce qui permet alors aux toxines non neutralisées de passer directement dans le sang et d'attaquer les organes et les centres nerveux.

En plus d'être responsable de la synthétisation des protéines, le foie assure la transformation des hormones stéroïdes (surtout sexuelles) et règlemente la production de folliculine. Cette hormone, si elle est en excès, provoque la chute du taux de calcium dans le sang, ce qui entraîne à son tour des angoisses et de l'hypersensibilité.

Abondamment pourvu de vaisseaux, le foie reçoit le sang venant des intestins. Il va ainsi s'enrichir des enzymes nécessaires à la répartition des sucres, à l'équilibre des protéines, à l'assimilation et la non assimilation des corps gras et de certaines hormones. Le foie produit et emmagasine beaucoup d'enzymes et de vitamines, surtout la vitamine A, il intervient aussi dans la métabolisation des lipides, dans la régulation des hydrates de carbones et dans la synthèse des protides. On compte de nombreuses conséquences directes et indirectes d'un dérèglement hépatique.

Conséquences directes:

mauvaise digestion
mauvaise évacuation (constipation)
spasmes intestinaux
colibacillose (désordre de la flore intestinale)
vers (parasites)
inflammation, infection
fermentations (gaz)
démangeaisons anales
frilosités
pyrosis (brûlures d'estomac)
déminéralisation
anémie
diabète
fatigue des viscères (reins, cœur, rate, etc.)
obésité ou maigreur
appendicite
toxicoses (mauvaise élimination des déchets toxiques).

Conséquences indirectes:

troubles visuels
troubles auditifs
hypertension artérielle
pigmentation anormale de la peau
enflure des jambes
jambes rouges
artériosclérose
maladies de la peau (eczémas, acné, etc.)
picotements
rhumatisme

asthme ou rhume des foins
déséquilibre glandulaire
malaises au moment des règles
faiblesse musculaire
pieds plats (faiblesse des muscles et des tendons)
psychasthénie (nervosité, anxiété, migraines, etc.)
cellulite
varices
hémorroïdes
hypertension
végétations et amygdalite
sinusite
bronchite chronique
paralysies par sclérose
tendance aux hémorragies
stérilité et impuissance
réceptivité aux piqûres d'insectes
tuberculose
cancer.

Suivant les concepts habituels, c'est surtout la disparition de la douleur et des symptômes qui est recherchée. On a donc trop souvent recours à une médication qui va remplir ces fonctions. Or, il est important de comprendre que la maladie représente souvent l'effort que fait l'organisme pour se libérer des poisons accumulés. Elle nous dit que certains organes (le foie notamment), par suite d'intoxication, sont incapables de synthétiser les éléments utiles ou de neutraliser les éléments inutiles ou nocifs. Il devient donc, dans cette optique, compréhensible que le retour à la santé ne peut se faire par l'introduction d'autres substances (surtout si elles sont chimiques) dans l'organisme, mais plutôt par **l'évacuation de ce qui s'y trouve en trop.**

Quand l'organisme commence à récupérer partiellement ses réserves vitales, une crise peut survenir. Celle-ci n'est pas forcément une aggravation de l'état de santé, mais représente souvent l'effort du corps qui tente d'améliorer son état en chassant les toxines. Celui qui a un foie en très bon état ressent immédiatement, à ce niveau, toute dérogation à l'ordre naturel en matière d'alimentation. **Un foie sain réagit toujours douloureusement à un excès de table!**

La seule intervention acceptable dans le cas d'intoxication du foie est de contribuer à l'effort du corps, en secondant la nature qui assumera la meilleure des défenses. Faisons-lui confiance et efforçons-nous de connaître ses lois pour ne pas les transgresser.

La remise en ordre
On doit placer l'organisme dans les meilleures conditions de fonctionnement et de protection possibles, d'abord en adoptant une alimentation vraiment conforme à "ses" besoins et ensuite en observant ces quelques conseils.

- Éliminer au plus tôt les éléments trop nocifs tels que: l'alcool (en trop grande quantité), le tabac, les viandes trop grasses, les sucres raffinés et les conserves.
- Dans le but d'obtenir le maximum de valeur nutritive, s'efforcer de manger le plus cru possible. Si les crudités sont mal supportées, les réduire provisoirement, quitte à en accroître ensuite progressivement le volume. Les incorporer à des aliments cuits aide à revitaliser ces derniers.
- Le matin à jeun prendre un verre de jus de carotte, ou manger une poire favorise la sécrétion hépatique en fluidifiant la bile. C'est pourquoi, dans la méthode préconisée, les déjeuners sont constitués principalement de fruits, pour favoriser justement l'élimination.
- Si l'on doit cuire les aliments, le faire dans peu d'eau ou dans leur jus selon le cas.
- Ne jamais prendre des fruits en dessert; ceux-ci doivent être servis au début du repas, pour une collation ou lors d'un repas de fruits.

- Boire entre les repas des infusions d'herbes activant les sécrétions biliaires ou le jus d'un citron dans de l'eau chaude ou tiède.
- Absorber de l'argile le matin à jeun. Durant environ trois semaines prendre chaque jour une cuillerée à café d'argile dans un demi verre d'eau. Il serait préférable de préparer le mélange la veille et de laisser reposer l'argile toute la nuit. On peut alors se contenter de boire l'eau qui a absorbé toute l'énergie contenue dans l'argile. L'argile est en fait une terre traitée avec l'énergie des pyramides et qu'on peut trouver dans tout bon magasin d'alimentation naturelle.
- **Faire régulièrement des contractions abdominales** (*abdominal lifts*): celles-ci, en plus de masser le foie, et de soulager la constipation, raffermissent et renforcent les muscles abdominaux, réduisent le tour de taille, font le massage des organes et des glandes contenues dans l'abdomen, améliorent la circulation sanguine de cette région, ce qui finalement aide la digestion et le métabolisme.

Technique:

- Se tenir debout, les jambes légèrement écartées.
- Se pencher en avant en plaçant les mains juste au-dessus des genoux, puis transférer son poids sur les mains. (Les mains peuvent être placées n'importe où, du moment qu'on est à l'aise.)
- Inspirez, puis expirez au maximum et se retenir de respirer durant tout l'exercice. Il est bien important qu'il ne reste plus d'air du tout dans les poumons.
- Tout en maintenant les poumons vides, détendre l'estomac et le faire remonter vers l'intérieur comme si on voulait que le nombril rejoigne la colonne vertébrale, ce qui doit créer un creux profond au niveau de l'estomac.

- Retenir cette position aussi longtemps que possible puis gonfler brusquement l'abdomen.
- Relâchez et inspirez.
- Répétez de trois à six fois de suite.

Il faut être certain que les poumons sont complètement vides avant de creuser l'estomac. Cet exercice peut exiger un peu de pratique et vous aurez peut-être tendance à vouloir inspirer chaque fois que vous rentrez l'estomac. Mais toutes les contractions doivent être faites **pendant** que les poumons sont totalement vides.

Prenez soin d'augmenter graduellement la durée des contractions. Ne vous laissez pas décourager si votre abdomen semble ne pas se creuser du tout lorsque vous rentrez l'estomac; au fur et à mesure que vous perdrez du poids, vous verrez le changement apparaître. D'ailleurs il est recommandé de faire cet exercice devant un miroir, ce qui vous permettra un meilleur contrôle. Il est fortement déconseillé aux femmes d'effectuer cet exercice pendant leurs périodes de menstruation et lorsqu'elles sont enceintes.

L'application chaque soir de cataplasmes d'argile au niveau du foie en stimule efficacement les fonctions. Pour préparer de tels cataplasmes, il suffit de mettre de l'argile sèche dans un récipient, puis de la recouvrir d'eau. Il ne faut pas remuer, mais toutefois si celle-ci est un peu claire, on peut ajouter un peu d'argile sèche à la pâte. Cette pâte argileuse doit être assez souple pour s'ajuster au contour de la partie du corps voulue et assez ferme pour ne pas couler, ni se défaire. La durée moyenne de l'application de ce cataplasme doit être de deux à trois heures, mais on peut, si on le tolère, le conserver plus longtemps. Cependant il doit être retiré en cas de gêne, de sensation de refroidissement ou d'énervement. Il est d'autre part préférable d'attendre environ une heure et demie à deux heures après les repas pour l'appliquer.

Les bains de soleil sont également efficaces pour faciliter la tâche du foie. Une grande partie de la vitamine D dont l'organisme a besoin est produite par la peau, dont le soleil transforme les stérols lorsqu'elle est exposée à ses rayons. Il est bien évident qu'en transformant ainsi une partie du cholestérol contenu dans le corps, on épargne au foie la tâche d'en réaliser la synthèse ou la neutralisation, si le cholestérol est présent en trop grande quantité.

Cellulite

Pour éliminer la cellulite, le bain de siège est d'une efficacité surprenante. Il est maintenant facile d'admettre que les massages, saunas, bain de vapeur, ou onguents divers peuvent être d'une aide précieuse, mais que la cure véritable est avant tout la recherche des causes et leur élimination. Souvent, de mauvaises combinaisons alimentaires en sont à l'origine, ainsi que le surmenage et le stress qui peuvent devenir de grands producteurs de toxines nerveuses. Il n'est pas besoin de préciser ici que l'alimentation doit obligatoirement être réformée avant toute autre intervention. Les processus de digestion et d'assimilation favorisés par la pratique régulière des bonnes combinaisons s'en trouvent renforcés si on y ajoute l'habitude de prendre des bains de siège.

Ce dernier moyen est particulièrement simple et efficace pour stimuler les fonctions hépatiques et favoriser l'élimination des déchets toxiques, surtout ceux qui sont responsables de la formation de la cellulite. L'effet de choc que procure le contact soudain avec l'eau froide, le matin et à jeun, active tous les échanges, accélère la circulation sanguine, éveille favorablement l'esprit et précipite l'élimination des déchets.

Avant d'essayer directement l'eau froide, il serait peut-être préférable, pour certaines personnes, de s'habituer progressivement en commençant par des bains tièdes, puis en baissant graduellement la température un peu plus cha-que jour jusqu'à ce que vous puissiez tolérer l'eau à 18°C. Il faut toutefois se souvenir que pour être efficace, le bain de siège doit *saisir* l'organisme. Si donc l'eau n'est pas assez froide pour créer l'effet de choc, les réactions décrites pré-cédemment ne se produiront pas ou à peu près pas et le traitement sera inefficace. La température de la pièce où est pris le bain est encore plus importante que celle de l'eau du bain. En effet, on supporte mieux un bain froid dans un lieu bien chauffé qu'un bain tiède dans un local froid. Mise à part la partie immergée, le corps ne doit pas se refroidir; toutes les parties qui sont en dehors de l'eau doivent être bien cou-vertes. Selon la résistance de chacun, ce bain doit durer de trois à cinq minutes. Les personnes qui en ont le plus be-soin devraient s'y maintenir le plus longtemps possible, sans toutefois dépasser cinq minutes, sous peine de refroi-dissement grave. Après le bain, il est recommandé de se frictionnera, à main nue, le bas-ventre et les reins.

Contrairement à ce qu'on pourrait penser, cet exercice n'est pas désagréable, certaines personnes même y pren-nent goût. C'est seulement au moment de l'immersion du siège dans l'eau froide que l'on est saisi; peu de temps après, une confortable sensation de chaleur due à l'accé-lération de la circulation, vient s'installer.

Il ne faut cependant pas prendre cette sorte de bain pen-dant les menstruations, en cas de fatigue excessive, s'il pro-voque des troubles cardiaques (palpitations, etc.), en cas de refroidissement général ou si on est grippé. Il va sans dire que les cardiaques devraient s'en abstenir totalement.

Pour la cellulite avancée et tenace, certaines personnes vont même jusqu'à plonger les jambes et les pieds dans l'eau froide, ce qui semble avoir donné des résultats satis-faisants dans plusieurs cas.

15. Conseils pratiques

Souvent l'insuccès d'un programme axé sur la perte de poids n'est pas dû à la technique utilisée, elle-même, mais aux habitudes de vie que l'on n'a pas changées, celles-là même qui ont au départ mené à l'embonpoint. Vous trouverez ici une foule de petits trucs susceptibles de vous aider à mener à bien votre nouvelle entreprise.

Modifiez votre facon de penser

La première chose à éliminer de votre vie est le mot "diète". Vous n'êtes pas à la diète, et ne le serez jamais plus. Acceptez l'idée qu'il est normal d'aimer manger et qu'il n'est pas question de vous en priver. Tout ce que vous avez à faire dans votre nouveau programme est de changer votre **comportement** face à la nourriture. Si vous lisez ce livre, cela prouve, par le fait même, que vous êtes insatisait(e) de votre taille ou de votre santé et que vous avez décidé d'effectuer un changement dans ce domaine; **vous allez maigrir parce que c'est un souhait raisonnable.** Personne ne vous demande de renoncer pour toujours aux bons desserts, mais vous avez **décidé** d'en manger rarement.

Pour maigrir, les raisons qui vous animent sont importantes; faites-en une liste complète et répétez-vous-la plusieurs fois au cours de la journée. Cela agira comme une affirmation et prendra l'allure d'une auto-suggestion. "Toutes les statistiques montrent que l'embonpoint raccourcit sensiblement la durée de la vie." "La fourchette peut être un outil efficace pour creuser sa tombe." "Le corps des personnes obèses doit fournir davantage d'efforts, ce qui l'use prématurément"... et bien d'autres raisons et idées personnelles qui peuvent agir comme éléments de motivation. Quand ce ne serait que pour être plus en forme et plus beau, cela vaudrait quand même la peine de maigrir. L'obèse ne retire aucun profit de son état, ni physiquement, ni mentalement. À bien des points de vue, il serait même handicapé.

Mangez plus lentement et mâchez un peu plus chaque bouchée en vous appliquant à en exprimer toute la saveur; cela va vous aider, de façon efficace, à réduire votre besoin quantitatif de nourriture. Si vous êtes de ceux qui doivent "vider" leur assiette, servez-vous de plus petites portions. Si vous devez manger dans les restaurants, recherchez ceux qui offrent des comptoirs à salades et où vous pourrez choisir les combinaisons alimentaires que vous désirez, plutôt que ceux où l'on vous sert un repas complet qui, plus souvent qu'autrement, ne tient aucun compte des combinaisons recommandées.

Des bonnes habitudes qui mènent loin

Prenez l'habitude de porter des chaussures confortables et, pour les dames, abandonnez les talons hauts qui sont très mauvais pour la colonne vertébrale et les jambes. En étant plus à l'aise dans vos chaussures, vous serez plus porté à prendre l'autobus, le métro ou même à marcher pour aller au travail. Évitez de prendre les escaliers roulants ou les ascenseurs et utilisez plutôt les escaliers. Le surplus d'exercice occasionné par ces habitudes permet de brûler plus rapidement les graisses en excès.

Soupez une heure plus tard le soir et consacrez le temps ainsi récupéré à faire des exercices physiques tels que la marche, le jogging, la danse aérobique ou des exercices de relaxation et de respiration. Cette période est idéale pour passer en revue les raisons qui vous ont décidé à changer vos habitudes alimentaires. Et, de plus, faire des exercices ou se relaxer avant les repas diminue l'appétit.

Le repas de midi peut aussi être consacré à l'exercice. Au lieu de manger copieusement, croquez un fruit et partez faire une longue marche rapide. Ne vous inquiétez pas pour la faim, vous pourrez toujours prendre une collation protéinée lors de votre prochaine pause.

La pause-café peut aussi être transformée en pause-santé. Utilisez cette période de temps soit pour vous "dérouiller" en faisant un peu d'exercice, soit pour faire de l'auto-motivation en révisant les motifs pour lesquels vous désirez devenir mince.

Il est à remarquer que, de plus en plus, dans les grandes entreprises japonaises, on instaure des pauses-exercices.

Dès l'instant où vous serez conscient des bienfaits que peuvent vous apporter ces nouvelles habitudes, vous n'aurez plus à faire d'efforts. Ces pratiques étant aussi naturelles et nécessaires que le fait de manger, elles deviendront rapidement un plaisir.

Pour les personnes n'ayant que quelques kilos à perdre, le simple fait de supprimer sucreries, gâteaux, tartes, etc., et de faire des exercices devraient être suffisants pour atteindre leur but. Pour ceux toutefois qui ont beaucoup de kilos en trop ou qui sont obèses, il serait préférable de voir leur médecin et de faire analyser leur cas pour vérifier si leur embonpoint ne serait pas dû à un dérèglement hormonal ou à quelque autre cause physique. Une fois cette précaution prise, il est important, si vous désirez déclencher le mécanisme d'amaigrissement le plus rapidement possible, de commencer par un régime très strict. Dès que vous aurez perdu un peu plus de la moitié du poids que vous vous étiez fixé, vous pourrez alors commencer à réintroduire peu à peu des aliments plus riches comme les huiles, le pain complet, les farineux et les céréales. Vous pourrez aussi, surtout, augmenter la quantité d'aliments ingérée. Effectuez ce changement progressivement et selon vos besoins tout en contrôlant régulièrement votre poids. Si vous vous apercevez que la perte de poids cesse, diminuez à nouveau les quantités.

Évitez d'utiliser le pèse-personne trop souvent. Se peser constamment peut devenir déprimant, surtout pour les femmes dont le poids varie énormément. Les périodes d'ovulation et de pré-menstruation favorisent la rétention d'eau, ce qui augmente temporairement le poids. Il serait bon de choisir le moment propice pour se peser; soit de préférence entre ces périodes et le matin à jeun. Vérifier son poids une fois par semaine ou tous les quinze jours représente une pratique idéale.

Utilisez les tests d'allergies addictives pour prendre conscience des combinaisons qui vous font grossir et supprimez-les à tout jamais de votre alimentation. Ce sont elles qui pourraient vous faire reprendre tranquillement tous les kilos que vous avez si durement perdus; et vous découvrirez bientôt qu'en respectant les bonnes combinaisons alimentaires, il vous sera possible de *maintenir* votre poids idéal.

Dans votre nouvelle façon de voir les choses, vous éviterez de consommer les sucreries, tartes et gâteaux et vous n'abuserez point des matières grasses (beurre, fritures, crèmes, etc.), non seulement dans le but de demeurer mince, mais surtout parce que ces aliments, à long terme, sont nocifs pour la santé.

Les calories ne sont plus une source de soucis avec cette approche. Si les bonnes combinaisons sont respectées, les résidus provenant de la décomposition de la nourriture n'étant plus retenus inutilement dans l'organisme sont éliminés immédiatement. Les échanges et les réactions chimiques qui ont lieu lorsque des aliments mal combinés sont retenus pour rien dans l'estomac rendent les calories plus actives, ce qui entraîne un apport calorique excédentaire et inutile. Le corps ne pouvant ni les assimiler ni les utiliser, les accumule sous forme de graisse.

Quand commencer?

Les personnes vraiment motivées n'ont pas de problèmes pour entreprendre un régime; celles, par contre, qui ne sont pas vraiment décidées, trouvent toujours toutes sortes de raisons pour s'empêcher de commencer: "Les hommes aiment les femmes rondes.", "On m'aime tel que je suis.", "La mode ne m'intéresse pas"., etc.

Se lancer dans une entreprise semblable lorsqu'on n'est pas vraiment prêt, physiquement ou psychologiquement, s'avère souvent une tâche si difficile qu'elle est vouée à l'échec avant d'avoir commencé et qu'elle demeure et demeurera une tentative passagère et décevante. Le moral s'en trouve sensiblement affecté et la motivation pour se lancer dans une nouvelle tentative est à peu près nulle.

Il ne faut pas se leurrer: si vous êtes de ceux ou celles qui ont en vain essayé toutes sortes de régimes et qui sont las de faire des efforts tous aussi gigantesques qu'inutiles, vous auriez sûrement intérêt à vous reposer et à attendre d'être psychologiquement prêt.

Cette attente, cependant, ne devrait pas être passive. Profitez de ce laps de temps pour réfléchir aux raisons qui vous poussent à maigrir. La première devrait sans aucun doute en être une de santé. En effet une personne en bonne santé est dotée d'une bonne digestion et d'une puissante élimination, ce qui est un facteur de minceur important. L'envie d'être beau ou belle, de plaire, la nécessité de s'accepter, le goût de porter des vêtements à la mode, le besoin profond de changement sont toutes des raisons suffisantes pour apporter l'optimisme et la motivation nécessaires au soutien d'une volonté chancelante.

Maigrir est un changement auquel il faut se préparer. Utilisez les techniques d'auto-suggestion décrites plus haut pour réaffirmer vos raisons d'être mince, visualisez-vous dans le futur, quand vous aurez minci, sur la plage en maillot de bain ou dans vos nouveaux habits à la mode, etc. Vous aurez envie, grâce à ces stimulants, d'entreprendre plus rapidement votre nouvelle façon de vivre. Une fois que les premiers résultats seront devenus apparents, ils seront un encouragement constant qui viendra renforcer votre volonté de continuer.

La période la plus propice, cependant, pour commencer un nouveau régime est, sans contredit, le printemps. L'hiver une fois terminé, il s'installe naturellement en tout être, une énergie nouvelle. Tout dans la nature en est affecté positivement. La poussée des hormones sexuelles provoquée par cette période privilégiée apporte une force et une détermination qu'on ne retrouve pas durant les autres saisons. Il est alors possible de canaliser une partie de cette énergie vers des tâches autres que celle à laquelle elle est destinée, c'est-à-dire que l'envie d'être beau ou belle, de plaire et le besoin de renouveau, de nettoyer *sa maison* étant renforcés, il devient alors plus facile d'entreprendre les démarches qui vont aider à mener à bien tous ces désirs. Les éléments extérieurs s'accordent aussi pour vous aider à le faire: le temps plus clément incite naturellement à sortir et à faire de l'exercice, les fruits et légumes nouveaux font leur apparition dans tous les magasins d'alimentation en même temps que le besoin naturel de l'organisme d'une nourriture plus légère, après les repas d'hiver plutôt lourds mais nécessaires pour se prémunir du froid.

Bien que la chaleur de l'été puisse couper l'appétit, ce n'est toutefois pas une saison très favorable à la mise en train d'un régime. Les sorties avec les amis, les soirées au restaurant et dans les *café-terrasses* se multiplient pendant la période des vacances. Cette partie de l'année devrait être consacrée au repos et à la détente. C'est donc le temps idéal pour stabiliser son poids.

Il n'est cependant pas absolument nécessaire d'entreprendre cette démarche au printemps exclusivement. Que ce soit l'hiver ou l'automne, l'important c'est d'être prêt. Choisissez de préférence une époque de l'année où vous serez assez occupé pour ne pas souffrir de l'obsession de la nourriture en évitant toutefois de tomber sur une période d'activité intense où la demande d'énergie physique ou intellectuelle serait trop importante et risquerait de mettre en danger votre santé.

Et si on triche?

On peut s'écarter de son régime dans un moment de découragement ou par manque de conviction, mais c'est généralement la manifestation d'un relâchement de la volonté. Que la volonté flanche momentanément n'est pas si grave, mais le risque est grand que cela devienne une pratique répétitive. Le réveil après un lendemain d'excès peut être très déprimant et même donner l'envie de tout abandonner.

Lorsque la tentation survient, faites immédiatement un examen de toutes les raisons qui vous ont motivé pour entreprendre votre nouveau régime; revoyez-vous dans le futur, mince, en maillot de bain sur la plage ou en train d'essayer votre nouvelle garde-robe et dites-vous que vous êtes intelligent, que vous avez de la volonté et que vous pensez au futur. Vous aurez donc le choix: ou vous mangez l'aliment incriminé et vous engraissez, ou vous faites preuve d'intelligence, pensez au futur, et vous vous en tenez à votre régime. Face à ce choix, et étant donné qu'il est plus valorisant d'être intelligent et faire preuve de bon sens que de se laisser aller, vous opterez pour la bonne solution; celle qui permettra au futur projeté de se réaliser.

Si toutefois vous étiez dans l'impossibilité sociale de respecter votre régime et que vous deviez déroger à vos nouvelles habitudes, que cela ne vous énerve pas. Il suffit tout simplement de compenser cet excès en sautant le repas suivant ou en faisant un léger repas de fruits. Mangez très succinctement le jour suivant en privilégiant les aliments diurétiques ou qui permettent d'éliminer plus facilement, faites un surplus d'exercices ou, tout simplement, décrétez le jour suivant "journée de jeûne", et votre perte de poids reprendra de plus belle.

Faut-il maigrir rapidement ou lentement? C'est une question de capacités individuelles. Les *régimes extrémistes* permettent une perte de poids rapide mais, en même temps, ils entraînent un affaiblissement général, une perte du tonus musculaire et ne peuvent être maintenus durant une longue période. Si, toutefois, on insistait sur cette voie, on risquerait un grave déséquilibre et, finalement, la maladie. Une perte de poids plus lente est souvent préférable; d'autant plus que l'approche par les combinaisons alimentaires n'est pas un régime en soi, mais une façon alternative de se nourrir jusqu'à la fin de sa vie. La perte de poids facilitée par une meilleure élimination due à vos nouvelles habitudes ne peut que continuer jusqu'à ce qu'il n'y ait plus un seul kilo à perdre.

Un bon système de digestion est un facteur indispensable à toute bonne santé et pour avoir une belle silhouette et un tour de taille constant. Les aliments qui remplissent correctement leur rôle grâce à une bonne digestion font en sorte que le système glandulaire régularise le métabolisme, que les échanges dans le système sanguin se fassent correctement et que les tissus cellulaires se renouvellent régulièrement.

Mal digérer signifie souvent qu'on se nourrit mal, qu'on est nerveux, que l'on mange trop rapidement, etc. Une mauvaise digestion peut être responsable d'une foule de problèmes comme l'aérophagie, les gaz, l'obésité, les infections, la constipation, le ballonnement, la maigreur, la cellulite, etc. On peut donc en conclure que le simple fait de modifier les habitudes qui ont mené à cet état de chose devrait, en principe, nous ramener sur la voie de la santé et de la guérison.

En plus d'adopter de saines habitudes de nutrition, la digestion peut être facilitée en mettant en pratique, avant de manger, quelques petites règles simples:

- faites de l'exercice physique ou marchez tout simplement, en respirant profondément;
- lisez des livres drôles, cela va vous détendre tout en changeant votre humeur;
- écoutez de la musique;
- faites de la méditation;
- ne mangez jamais devant la télévision, surtout pendant les nouvelles;
- apportez les aliments sur la table, pour ne pas avoir à vous lever tout le temps;
- préparez de beaux plats bien appétissants dans de petites assiettes;
- n'acceptez pas de coup de téléphone pendant votre repas;
- n'entretenez, à table, que des conversations agréables, ce n'est pas le moment de parler des factures à régler ou de faire de la discipline.
- Mangez lentement en dégustant votre nourriture, cela permet à l'énergie (prâna) qui s'y trouve d'être totalement absorbée par le corps. En dégustant ainsi pleinement ce qu'il y a dans votre assiette — la recharge énergétique étant refaite — vous n'aurez pas besoin de vous servir une autre assiette ou de prendre un dessert.
- Même après la perte de poids souhaitée, continuez à privilégier certains aliments: crudités, fruits ou légumes cuits, viande maigre, poissons blancs, chair de volaille grillée, riz brun, pain de blé entier et céréales complètes.
- Évitez les stimulants, les conserves et les excitants tels que le café, le thé, les boissons gazeuses (les *brunes* surtout), l'alcool en excès, le tabac, le sucre et les graisses en trop grande quantité, les fritures, les pâtisseries, les bonbons, les tartes, les gâteaux du commerce, etc.
- Évitez de manger trop chaud ou trop froid, car cela dérange la digestion, surtout si les deux températures

sont combinées, lorsqu'on prend, comme par exemple, un liquide froid après ou en même temps qu'un repas chaud.

- Respectez votre corps: si vous n'avez pas vraiment falm, il est préférable de ne pas manger du tout, surtout si vous venez d'ingurgiter un gros repas, lourd, gras, farineux ou constitué de mauvaises combinaisons alimentaires.

- Buvez beaucoup d'eau tout au long de la journée. Cela favorise l'élimination si nécessaire à la perte de poids. Les eaux de source ou eaux minérales doivent être préférées à l'eau du robinet qui contient beaucoup trop de produits chimiques. Respectez toutefois la règle suivante: ne buvez pas pendant les trente minutes qui suivent un repas de fruits ou les soixante à cent vingt minutes qui suivent un repas composé de farineux ou de protéines.

En adoptant ces habitudes, vous deviendrez vite conscient des avantages qu'elles amènent. Sortir de table avec l'estomac léger et la tête claire, se coucher détendu, bien dormir, se réveiller frais et dispos, la bouche fraîche et l'esprit lucide, sont des états auxquels on s'habitue rapidement et dont on ne peut plus se passer.

Si vous faites partie de ceux ou celles qui ont une vie très active et qui désirent suivre un régime d'amaigrissement ultra-rapide, vous auriez peut-être intérêt à prendre, pour quelque temps, des suppléments alimentaires. Vous pouvez, pour cela, vous référer au chapitre *Vitamines et minéraux*. Rappelez-vous cependant qu'une saine alimentation devrait suffire à combler tous les besoins nutritifs d'un individu. À moins que vous souffriez de carences héréditaires, que vous soyez du type hyper-actif et très nerveux ou pour répondre temporairement à une période de stress particulier, vous n'avez nullement besoin de vitamines et de minéraux en supplément.

Si vous suivez les menus préconisés dans cet ouvrage, vous ne devriez pas souffrir de constipation; au contraire même, il pourrait s'ensuivre de légères diarrhées, temporaires d'ailleurs car elles représentent l'effort accompli par l'organisme pour se nettoyer.

Ne supprimez pas totalement le gras, car il est nécessaires à l'assimilation des vitamines solubles dans l'huile (A, D, E, K), au bon fonctionnement de la vésicule biliaire et à l'absorption du calcium.

Pour augmenter l'efficacité de l'élimination il est préférable de prendre, plutôt qu'un seul gros repas, plusieurs repas plus petits. Le système digestif étant moins taxé, se fatigue moins vite.

Des petits trucs pour vous faciliter la vie:

- Buvez beaucoup d'eau, des tisanes et même du café décaféiné, ces liquides agiront comme un coupe-faim naturel tout en n'apportant aucune calorie et en favorisant l'élimination.

- Utilisez des assiettes plus petites: une petite portion dans une grande assiette est assez déprimante à voir et donne l'impression qu'on n'a rien à manger.

- Rendez vos plats appétissants, en plus d'être une joie pour le palais, ils deviendront aussi une source de satisfaction pour les yeux.

- Si vous devez manger au restaurant, choisissez de préférence un endroit qui offre un *bar à salade* ou un buffet qui vous permettra de décider par vous-même des combinaisons alimentaires que vous désirez voir dans votre assiette.

- Il est préférable que toute la famille adopte les mêmes habitudes que vous, sinon vous risquez, à tout moment, le découragement en voyant les autres vous *bouffer* des tartes ou des frites sous le nez... Tentez de leur communiquer tranquillement vos convictions en leur faisant comprendre que ce serait une marque d'amour de vous soutenir dans vos nouvelles habitudes.

- Vos enfants surtout ont beaucoup à gagner en adoptant de telles habitudes, car en commençant jeunes, ils apprendront vite à aimer ce qui leur fait du bien et ils s'en souviendront toujours. Récompensez-les avec un fruit au lieu du biscuit ou de la pointe de tarte habituelle ou, mieux encore, apprenez-leur que chaque bonne action, chaque geste positif porte en soi sa récompense.

- Choisissez des viandes maigres ou dégraissez-les, et enlevez la peau des volailles.

- Préférez le poisson à la viande, car il est moins gras et contient moins de calories et de toxines.

- Ne consommez que des aliments frais: les bactéries et toxines contenues dans les aliments qui ont commencé à se détériorer font courir au consommateur un risque d'empoisonnement.

- Privilégiez les fruits et légumes de saison, frais et jeunes, qui sont appétissants et ont une odeur agréable.

- Les crudités contiennent beaucoup de vitamine C, vitamine indispensable à la peau, entre autres. Il est donc très important d'en consommer tous les jours une grande quantité.

- Supprimez les nourritures trop salées, les conserves, tous les aliments raffinés et les desserts.

- Ne mangez que du pain naturel et des céréales entières.

- Méfiez-vous du sucre, du sel et des préservatifs chimiques cachés dans les produits commerciaux.

- La gomme à mâcher est à éviter. Elle stimule l'appétit en accroissant inutilement la sécrétion salivaire. Elle peut créer, de plus, chez certaines personnes, des gaz et du ballonnement.

- Limitez votre consommation d'alcool à un verre par jour. Dans les premières phases de votre régime, il est même préférable de ne pas en prendre du tout. Remplacez l'apéritif par un fruit que vous pourrez consommer une demi-heure avant le repas.

- Soupez plus tard pour éviter d'avoir trop faim avant d'aller vous coucher.

- Grignotez, en collation, du céleri, des carottes, des concombres... Ils ne contiennent que peu de calories et favorisent l'élimination.

- Avant de commencer un régime, il est recommandé de se préparer adéquatement. Consultez à ce propos les conseils donnés au chapitre *Préparation*.

- Ne gardez dans votre garde-manger aucun aliment engraissant ou indésirable tels que chips *(croustilles)*, chocolat, bonbons, biscuits, tartelettes. Ne les ayant pas sous les yeux, vous ne risquez pas d'être tenté. L'idée de vous habiller, de prendre votre automobile pour aller acheter des friandises est en elle-même assez dissuasive pour vous décourager de le faire.

- Promenez-vous dans les magasins de produits naturels, cela vous donnera des idées et stimulera votre désir de continuer dans la bonne voie.

- Profitez-en aussi pour fréquenter les magasins de vêtements à la mode, choisissez ce que vous achèterez lorsque vous aurez maigri, touchez-y, imaginez-vous en train d'essayer une belle robe, un bikini, un costume seyant... Cela devrait vous inciter à poursuivre votre régime.

- Sortez-vous de la tête l'idée que régime est égal à punition. Vous n'êtes pas au régime, vous avez plutôt décidé de donner à votre corps l'occasion d'être en bonne santé; et la santé représente bien-être, satisfaction, fierté et minceur.

- Soyez patient, conditionnez-vous mentalement au fait que maigrir prend du temps car l'organisme ne peut perdre plus de trois livres de *vraie graisse* par semaine sans risquer de graves carences.

- Faites de l'exercice régulièrement, marchez, prenez l'autobus au lieu de votre auto, montez les escaliers au lieu de prendre l'ascenseur.

- Certains aliments laissent un mauvais goût dans la bouche. Les produits laitiers sont souvent responsables de la mauvaise haleine, particulièrement chez les personnes qui les tolèrent mal. Prenez donc l'habitude de vous brosser les dents régulièrement après chaque repas. En plus de les protéger contre la carie qui se nourrit du sucre des aliments, cela rafraîchira votre haleine et vous enlèvera l'envie de consommer autre chose.

- Ne vous laissez pas décourager par les commentaires de vos amis ou de vos confrères qui, souvent incapables eux-mêmes d'en faire autant, entretiennent envers vous, une jalousie silencieuse. Souvenez-vous que c'est en respectant vos décisions que vous les impressionnerez le plus et que, finalement, devant votre succès, ils vous laisseront en paix.

16. Classification des aliments

Fruits acides
Ananas
Clémentine
Citron
Fraise
Framboise
Grenade
Groseille
Kiwi
Mandarine
Orange
Pamplemousse
Pomme acide
Raisin acide
Tomate

Fruits mi-acides
Abricot
Cerise
Figue fraîche
Kaki
Mûre
Mangue
Nectarine
Papaye
Pêche
Poire
Pomme
Prune
Raisin

Fruits doux
Banane
Caroube
Cerise douce
Datte
Fruits secs
Figue séchée
Pruneau
Raisins secs

Protéines:

Le poisson, toutes les viandes, les volailles, les oeufs, le fromage, les sous-produits du lait, les céréales, les graines, le soya, les haricots, les lentilles, les noix, les olives, les avocats, etc.

Légumineuses (protéines):

Les cacahuètes, toutes les fèves, le soya, les lentilles, les pois chiches, les haricots jaunes, les pois secs, etc.

Amidons (farineux):

Le pain, les pommes de terre, le riz, les céréales, les châtaignes, les biscuits, les pâtes alimentaires, la fécule de maïs, la noix de coco.

Amidons légers (petits farineux):

Le navet, le chou-fleur, les pois verts, le panais, les betteraves, les carottes, les artichauts, etc.

Sirops et sucre:

Les sucres blanc et brun (cassonade), le sucre de canne, d'érable, le lactose, le miel, la mélasse, etc.

Gras (lipides):

Le beurre, les avocats, les olives, la crème, toutes les huiles pressées à froid: huiles de coton, d'olive, d'arachides, de maïs, de sésame, de soya, de tournesol, le lard, la margarine, le suif, les viandes grasses, etc.

Légumes verts (non farineux):

L'ail, les asperges, les betteraves, le brocoli, les feuilles vertes de carottes, le céleri, la ciboulette, la civette, la chicorée, le chou commun, les choux de Bruxelles, le chou de Chine, le chou frisé, les concombres, la courge et les courgettes, le cresson, les échalotes, les endives, les épinards, la laitue (toutes sortes), le maïs vert, la moutarde, le navet (feuilles vertes), les oignons, l'oseille, le persil, les pissenlits, les pousses de bambou, les radis, le poireau, les poivrons (piments doux), la rhubarbe, la scarole, etc.

Melons:

Le cantaloup, le melon de miel, la pastèque (melon d'eau), etc.

Aliments riches en protéines

Agneau dégraissé	Hareng fumé
Aiglefin	Haricots blancs (fèves sèches)
Anis (graines)	Haricots rouges (secs)
Boeuf	Homard
Caille	Jambon maigre
Caviar	Lait de beurre (babeurre)
Châtaignes	Lait écrémé
Chèvre	Noix (tous genres)
Chevreau	Pois à soupe
Crevettes	Porc
Dindon	Poulet
Flétan	Ris de veau

185

Aliments riches en protéines (suite)

Fromage	Sardine
Gélatine animale	Saumon
Gésiers	Soya
Gibier (tout genre)	Thon blanc

Aliments riches en gras

Amandes	Huiles à salade
Arachides	Huile d'olive
Avocats	Lard
Bacon peu cuit	Maïs soufflé
Beurre	Margarine
Charcuteries	Noix de Brésil
Chocolat	Oeufs (jaune)
Coco (noix)	Oie
Crème	Olives noires
Dinde âgée	Porc
Fromages divers	Sauces grasses
Glands de chêne	Saumon
Hareng	Viandes fumées

Aliments pauvres en gras (à conseiller)

Abricots	Haricots (cosses)
Agneau dégraissé	Haricots verts de Lima
Aiglefin	Homard
Ananas	Lait de beurre (babeurre)
Artichauts	Lait écrémé
Asperges	Laitue (tous genres)
Aubergines	Légumes crus (verts)
Bananes	Levure
Betteraves	Limes
Blancs d'oeufs (neige)	Maïs (épi)
Bleuets	Mandarines
Brocoli	Mangues
Canneberges (atocas)	Marjolaine
Carottes	Melons d'eau
Caroube	Mûres

Aliments pauvres en gras (à conseiller)(suite)

Cassis
Céleri
Cerfeuil
Cerises
Champignons
Chicorée
Choucroute
Choux de Bruxelles
Chou-fleur
Chou frisé
Chou rouge
Chou vert
Ciboulette
Citrons
Concombres
Crabe
Cresson
Crevettes
Échalotes
Épinards
Figues noires
Fraises
Framboises noires
Framboises rouges
Fromage de chèvre
Fromage de Roquefort
Gélatine animale
Gelée de veau
Gésiers
Groseilles

Navets
Oignons
Okras
Oranges
Orties naines
Oseille
Pamplemousses
Panais
Papayes
Pastèques
Pêches
Pétoncles
Persil
Poires
Pois verts
Poissons non huileux
Pommes
Pommes de terre
Pommes séchées
Pruneaux nature
Pruneaux secs
Prunes
Radis
Raifort
Rhubarbe
Riz naturel
Riz (son)
Salsifis
Thé

Aliments riches en sucres, amidons, fécule (* à éviter, mauvaises combinaisons)

Abricots
Amandes
Beignes (*)

Mélasse
Miel
Pain blanc (*)

Aliments riches en sucres, amidons, fécule
(* à éviter, mauvaises combinaisons)

Blé germé

Blé entier (pain)

Bonbons (*)

Céréales

Crêpes (*)

Dattes

Farine blanche (*)

Fécule de maïs

Figues

Gâteaux (tous) (*)

Gruau (avoine)

Haricots blancs (fèves)

Macaroni

Macarons (*)

Maïs (tous genres)

Pain de gluten

Pain de seigle

Pâtisseries (tous genres) (*)

Pommes séchées

Pouding au riz (*)

Pruneaux secs

Raisins

Riz soufflé

Sarrasin

Seigle (farine)

Sirop d'érable

Spaghettis

Sucreries (toutes) (*)

Tapioca

Vermicelle

Aliments pauvres en sucres, amidons, fécule
(à conseiller)

Agneau dégraissé

Beurre

Blanc d'oeuf (en neige)

Boeuf

Brochet

Cabillaud (morue)

Canard dégraissé

Capucines (graines)

Cervelle de veau

Chèvre

Chevreau

Coeurs de poulet

Crabe

Crevettes

Dindon

Éperlans

Épinards

Gibier (tous genres)

Haddock (aiglefin)

Hareng

Haricots (cosse)

Homard

Jambon maigre

Laitue (tous genres)

Langue de veau

Légumes (bouillon)

Limes

Margarine

Oeufs de poule

Oeufs (jaune)

Oie dégraissée

Perches de mer

Poissons en général

Porc (filets)

Aliments pauvres en sucres, amidons, fécule (à conseiller) (suite)

Flétan	Poulet
Foie de poulet	Rognons de veau
Foie de veau	Saumon
Fromages	Sole
Gélatine animale	Thon blanc
Gelée de veau	Tomates
Gésiers	Truite

Aliments pauvres en gras et en sucre (à conseiller)

Aiglefin	Flétan
Asperges	Foies
Blancs d'oeufs (neige)	Gélatine animale
Brochet	Gésiers
Capucines (graines)	Haricots (cosses)
Carottes	Homard
Céleri	Lait de beurre (babeurre)
Champignons	Laitue (tous genres)
Chèvre	Limes
Choucroute	Orties naines
Chou frisé	Oseilles
Chou rouge	Palourdes (clam)
Chou vert	Pétoncles
Concombre	Radis
Crabe	Rhubarbe
Cresson	Sole
Endives	Thé
Éperlans	Thon blanc
Épinards	Truite

Aliments riches en potassium

Algues marines	Lait de chèvre
Agneau	Laitue (tous genres)
Aiglefin	Limes
Amandes	Maïs
Artichauts	Marjolaine

Aliments riches en potassium (suite)

Asperges	Marrons (châtaignes)
Aubergines	Navets
Betteraves	Navets (feuilles)
Blanc d'oeuf	Noix (tous genres)
Bleuets	Oignons
Bouleau (écorce-tisane)	Olives mûres (noires)
Brocoli	Oranges
Café	Orge
Capucines (graines)	Oseille
Carottes	Panais
Céleri	Pêches
Cerfeuil	Pelures de pommes de terre
Champignons	Pelures de pommes
Choux de Bruxelles	Persil
Chou-fleur	Pissenlit
Chou frisé	Pois verts
Chou rouge	Poivrons (piments doux)
Chou vert	Pommes
Cidre	Patates
Citron	Pruneaux bleus
Coco (noix)	Radis
Concombres	Raifort
Échalotes	Raisin bleu
Endives	Raisin de Corinthe
Éperlans	Raisin sauvage
Épinards	Raisin vert
Figues	Rhubarbe rouge
Flétans	Saumon fumé
Fraises	Seigle (son)
Genièvre (baies)	Soya (fèves)
Haddock (aiglefin fumé)	Thé
Haricots (cosses)	Thym
Haricots verts de Lima	Tomates
Houblon (tisane)	Trèfle (fleurs)

Aliments riches en sodium

Algues marines
Asperges
Bacon croustillant
Betteraves
Blancs d'oeuf
Boeuf à soupe
Céleri
Cerises
Chou-fleur
Chou de Chine
Crabe
Fraises
Fromage de Roquefort
Fromage suisse
Gelée de veau

Gésiers
Groseilles
Homard
Huîtres
Jambon maigre
Lait de chèvre
Laitue (tous genres)
Muscade
Omelette moelleuse
Pommes douces
Pommes séchées
Pruneaux
Radis
Raifort
Riz naturel brun

Aliments riches en calcium

Algues marines
Amandes
Anis (graines)
Asperges
Camomille (tisane)
Canneberges (atocas)
Capucines (graines)
Céleri
Chiendent (tisane)
Chou de Chine
Chou frisé
Chou rouge
Chou vert
Ciboulette
Citron
Coquilles d'oeufs
Cresson
Endives
Fraises sauvages

Lait écrémé
Laitue (tous genres)
Limes
Marjolaine (tisane)
Navets (feuilles)
Oeufs de poissons
Oeufs de poule
Oignons
Okras
Oranges
Orties naines
Oseilles
Ossature (consommé)
Persil
Pissenlit
Plantain (tisane)
Poissons (tous genres)
Pommes
Pourpre de mer (tisane)

191

Aliments riches en calcium (suite)

Fromage frais (cottage) Pruneaux secs
Fromages (en général) Radis
Gélatine animale Rhubarbe
Gelée de veau Thé
Lait de beurre (babeurre)
Lait de chèvre Thym
Lait de vache Tomates

Aliments riches en magnésium

Algues marines Groseilles
Amandes Noix (tous genres)
Amandes (crème d') Okras
Betteraves Orge (non perlé)
Blé entier (farine) Orties naines
Blé filamenté Oseille
Blé (son) Ossature (consommé)
Cacao Panais
Café Pêches
Canneberges (atocas) Persil
Capucines (graines) Pissenlit
Carottes (feuilles) Pommes
Chou frisé Pourpre de mer (tisane)
Coco (noix) Prunes jaunes
Cresson Riz naturel (farine)
Farine de blé entier Riz naturel (brun)
Gélatine animale Riz (son)
Gelée de veau Saule noir (tisane)
Grenades Seigle (pain maison)
Houblon (tisane) Seigle (son)
Laitue (tous genres) Thé
Marrons (châtaignes) Wintergreen
Menthe poivrée (tisane)

Aliments riches en fer

Anis Lait de beurre (babeurre)
Artichauts Lait de chèvre

Aliments riches en fer (suite)

Asperges
Bardane (tisane)
Betteraves
Blé filamenté
Bœuf (jus de viande)
Céleri
Cerises (tous genres)
Champignons
Chou-fleur
Chou frisé
Chou rouge
Citrouille
Concombre
Courge
Cresson
Échalotes
Endives
Foies de veau, poulet
Fraises
Fraisiers (tisane)
Framboises noires (ronces)
Genièvre (baies-tisane)
Groseilles rouges
Jaunes d'œuf

Laitue (tous genres)
Légumes (bouillon)
Maïs soufflé
Marjolaine (tisane)
Melon d'eau
Noix (tous genres)
Œufs de poissons
Oignons
Okras
Oseille
Orties naines
Ossature (consommé)
Persil
Pissenlit
Poireaux
Pommes séchées
Raifort
Rhubarbe rouge
Riz naturel (farine)
Riz naturel (son)
Seigle
Thé
Thym

Aliments riches en phosphore

Agneau
Ail
Algues marines
Amandes
Anis (graines)
Asperges
Betteraves
Blé entier
Blé (son)
Bleuets

Hareng (fumé)
Homard
Huîtres
Jaunes d'œufs
Lait
Lait de beurre (babeurre)
Lait écrémé
Levure
Maïs (épi)
Marjolaine

Aliments riches en phosphore (suite)

Bœuf (jus de viande)	Marrons (châtaignes)
Brochet	Navets
Cacao	Noix (tous genres)
Cerfeuil	Œufs de poisson
Cerises	Œufs de poule
Cervelle de veau	Oignons
Chèvre	Okra
Chevreau	Orge
Champignons	Oseille
Choux de Bruxelles	Ossature (consommé)
Chou frisé	Pêches
Courges	Poireau
Crabe	Poisson
Cresson	Pommes
Éperlans	Pruneaux
Farine blanche	Raisins bleu et vert
Flétan	Riz naturel (farine)
Foie de veau, poulet	Riz naturel (son)
Framboises	Sarrasin
Fromage de Roquefort	Saumon fumé
Fromage suisse	Seigle
Gelée de veau	Sole
Groseilles	Thym
Gruau d'avoine	Tomates
Haddock (aiglefin fumé)	Truites

Aliments riches en soufre

Ail	Haricots (cosse)
Algues marines	Marjolaine (tisane)
Brocoli	Moutarde
Canneberges (atocas)	Navets
Capucines (graines)	Oignons
Cerfeuil	Okras
Champignons	Orties naines
Choux de Bruxelles	Oseille
Chou-fleur	Pêches

Aliments riches en soufre

Chou vert
Cresson
Crevettes
Endives
Épinards
Fraises
Framboises rouges

Plantain (tisane)
Poireaux
Radis
Raifort
Seigle
Thym

Aliments riches en chlore

Agneau dégraissé
Aiglefin
Algues marines
Bacon croustillant
Beurre de chèvre
Blancs d'oeufs
Bœuf bouilli
Bœuf (jus de viande)
Carottes
Céleri
Cerfeuil
Chou frisé
Chou rouge
Coco (noix)
Épinards
Fromage frais (cottage)
Fromage de Roquefort
Flétan
Fromage
Gelée de veau
Gésiers

Haddock (aiglefin fumé)
Hareng fumé
Huîtres
Jambon maigre
Lait de beurre (babeurre)
Lait de chèvre
Lait de vache
Lait écrémé
Laitue (iceberg)
Légumes (bouillon)
Margarine
Marjolaine
Olives mûres (noires)
Ossature (consommé)
Pain Pumpernickel
Poissons de mer
Pourpre de mer (tisane)
Radis
Raifort
Sel de table
Tomates

Aliments riches en manganèse (traces)

Amandes
Amandes en crème
Cervelle de veau
Cidre

Marrons (châtaignes)
Noix (tous genres)
Seigle (gruau)
Seigle (son)

Aliments riches en manganèse (traces) (suite)

Glands de chêne   Thé noir
Marjolaine

Aliments riches en silicium

Algues (comestibles)   Laitue (tous genres)
Anis (graines)   Œufs (jaunes)
Asperges   Œufs de poisson
Avoine (gruau maison)   Oignons
Capucines (feuilles)   Olives mûres (noires)
Carottes   Orge
Cerfeuil   Panais (non pelés)
Chou-fleur   Pêches
Chou frisé   Poireau
Chou rouge   Pois verts
Concombre   Pourpre de mer (tisane)
Épinards   Prèle
Fraises   Raifort
Gelée de veau   Riz
Haricots (cosse)   Thé
Huîtres (fraîches)   Thym

Aliments riches en fluor

Algues marines   Genièvres (baies)
Aiguilles de pin   Haricots (cosses)
Ail   Huile de foie de morue
Asperges   Huîtres fraîches
Avocats   Lait de beurre de chèvre
Caroube   Lait de chèvre
Cerfeuil   Œufs (jaunes)
Chèvre   Orge
Chevreau   Ossature (consommé)
Cresson   Poissons de mer
Endives   Poissons fumés
Fromage de chèvre   Pourpre de mer (tisane)
Fromage de Roquefort   Seigle
Gelée de veau   Tortue verte

Aliments riches en iode (traces)

Aiglefin fumé
Ail et persil
Algues marines
Ananas
Anchois
Artichauts
Asperges
Avocats
Blé entier
Brochet
Brocoli
Carottes
Caroube
Cerfeuil
Cervelle de veau
Champignons
Choux de Bruxelles
Chou frisé
Chou rouge
Chou vert
Ciboulette
Crabe
Cresson
Crevettes
Flétan
Fraises
Gruau d'avoine

Hareng fumé
Haricots (cosse)
Homard
Huile de foie de morue
Huîtres fraîches
Lait de chèvre
Laitue (tout genre)
Lièvre
Morue fraîche
Morue fumée
Oeufs de poissons
Oignons blancs
Pétoncles
Poissons de mer (consommé)
Poireau
Pois verts
Rhubarbe rouge
Raisins verts
Riz naturel brun
Saumon fumé
Sole (filets)
Sel de table (marin)
Tortue verte
Thon blanc
Tomates
Truite

Aliments contenant de l'aluminium (traces)

Amandes
Blé entier
Blé (son)
Cacao
Farine blanche

Glands de chêne
Marjolaine
Noix (tous genres)
Orge naturel

Aliments à haute teneur calorifique (acceptables)

Agneau	Miel
Aiglefin	Noix
Anchois	Œufs
Avocats	Olives mûres (noires)
Bacon croustillant	Orge
Beurre	Pain de blé entier
Bifteck maigre	Pain de seigle maison
Blé (pain maison)	Perche de mer
Brochets	Poires
Cabillaud (morue)	Pois jaunes (secs)
Crème	Poissons en général
Crevettes	Porc (côtelettes)
Dattes	Porc (filets)
Dindon	Poulet
Figues sèches	Pruneaux secs
Flétan	Raisins
Foie de veau	Ris de veau
Fromage frais (divers)	Riz naturel (brun)
Fromage de chèvre	Riz soufflé
Fromage de Roquefort	Rosbif
Gésiers	Sardines
Hareng fumé	Sarrasin
Haricots blancs (secs)	Saumon
Haricots rouges (secs)	Sirop d'érable pur
Huile d'olive pure	Son de blé
Jambon maigre	Tapioca
Jaune d'oeuf	Thon blanc
Maïs (épi)	Truite
Margarine	Vins de Porto

Aliments rafraîchissants

Agneau dégraissé	Jaune d'œuf
Asperges	Lait de beurre (babeurre)
Avocats	Laitue (tous genres)
Bleuets	Légumes verts (frais)
Carottes	Limes

Aliments rafraîchissants (suite)

Cassis
Céleri
Cerises
Chevreuil
Chicorée
Chou-fleur
Citron
Concombre
Cresson
Endives
Éperlans
Épinards
Flétan
Fraises
Framboises
Fruits frais
Groseilles
Hareng

Navets
Oignons (tous genres)
Omelette
Oranges
Pamplemousses
Panais
Patates avec pelure
Persil
Pissenlit
Pois verts
Poires
Poissons
Pommes
Radis
Raifort
Raisins verts
Rognons de veau
Sole

Aliments pour la musculation (adolescents et culturistes)

Agneau maigre
Aiglefin
Bifteck
Blé entier
Bœuf maigre
Canard dégraissé
Chèvre
Chevreau
Dindon
Flétan
Foie de veau
Fromages
Gibier (tous genres)
Hareng frais

Haricots blancs (secs)
Haricots rouges (secs)
Jambon maigre
Lait
Noix
Œufs
Orge
Porc (côtelettes)
Poulet
Rognons de veau
Saumon
Seigle (pain maison)
Thon blanc

Aliments éliminateurs (dépuratifs)

Abricots
Asperges
Betteraves cuites
Bleuets (jus)
Carottes (jus)
Cassis (jus)
Céleri (jus)
Cerises (tous genres)
Choux de Bruxelles
Chou-fleur
Citron (jus) eau chaude
Concombres
Épinards
Fraises
Framboises noires (ronces)
Fruits frais
Fruits secs
Haricots (cosses)
Lait de beurre (babeurre)

Laitue (tous genres)
Légumes verts (crus) et jus
Navets
Oignons
Oranges
Pamplemousses
Panais
Pelure de pommes (tisane)
Persil
Poires (à jeun le matin)
Poissons de mer
Pommes
Pruneaux secs
Prunes
Radis
Raisins verts
Seigle

Tomates (sur toasts)

Aliments constipants (à consommer prudemment)
(* à éviter)

Amidons et féculents
Biscuits en général (*)
Chocolat (*)
Condiments
Crème anglaise (Custard) (*)
Épices en général
Farine blanche (*)
Fèves au lard (*)
Framboises noires
Friandises (*)
Fromages communs

Lait bouilli
Œufs frits (*)
Œufs à la coque
Pain blanc (*)
Pâtisseries (*)
Pommes de terre bouillies
Tapioca
Thé
Toasts au pain blanc (*)
Volaille âgée

200

Aliments générateurs de gaz intestinaux (à éviter)

Amidons et féculents	Lait de vache
Charcuteries	Navets trop cuits
Chou blanc (vieilli)	Oeufs frits
Crème	Oignons frits
Fritures	Porc
Huiles végétales	Sauces grasses

Aliments engraissants (consommer avec prudence) (* à éviter)

Amandes (salées)	Orge
Arachides (salées)	Pain blanc (*)
Bacon (gras) (*)	Pâtés (*)
Chocolat (*)	Pâtisseries (*)
Confiseries (*)	Porc
Crème	Poudings sucrés (*)
Féculents	Riz perlé
Figues	Sarrasin (crêpes) (*)
Huiles végétales	Soupes grasses
Lard	Spaghettis
Macaroni	Sucreries (*)
Maïs (grains)	Suif
Marrons (châtaignes)	Tartes (*)
Miel	Vermicelles
Noix	Viandes grasses (*)

Aliments laxatifs

Abricots	Maïs (épi)
Ail	Olives mûres (noires)
Betteraves	Oignons cuits
Blé entier (pain maison)	Oranges
Bleuets sans sucre	Pamplemousses
Bleuets (jus sans sucre)	Pêches
Canneberges (atocas)	Poires
Cassis	Pommes
Céleri	Pruneaux secs
Chou-fleur	Pruneaux bleus

Aliments laxatifs (suite)

Citron	Prunes douces
Citrouille	Raisins
Courge	Rhubarbe
Figues	Son
Fruits secs	Tomates
Groseilles (tous genres)(1)	

---

(1) Extrait de Tout l'homme en santé, Louis Turgeon, Éd. de Mortagne, 1986.

17. Les aliments de bonne santé

Les œufs

Riches des 22 acides aminés essentiels, ils contiennent les vitamines A, B, D, E, K, du fer, du cuivre, du soufre, du magnésium, du phosphore et du potassium, très peu d'hydrates de carbone et du cholestérol. Grâce à leur grande richesse, ils constituent un aliment complet qu'il ne faut pas combiner avec d'autres sources de protéines ou de féculents. Parce qu'ils sont riches en matière grasse, en cholestérol surtout, il ne faut pas les consommer en trop grande quantité. Le cholestérol est, bien sûr, nécessaire à la santé, mais les gens qui ne sont pas physiquement actifs, font de l'embonpoint et ont un système d'élimination paresseux auraient intérêt à en faire un usage prudent. Trois à quatre œufs par semaine, sous une forme ou une autre, constituent une ration suffisante.

Des études récentes ont démontré que les gens qui faisaient des exercices aérobiques régulièrement avaient un taux de cholestérol très bas dans le sang et que, dès l'instant ou ces mêmes personnes arrêtaient de s'entraîner, ce taux remontait. Ce qui prouve que l'exercice physique est efficace pour brûler les gras.

Comprenons-nous bien! Cela ne veut pas dire pour autant que faire de l'exercice permet d'ingurgiter tous les œufs que vous voulez. Apprendre à respecter ses limites est l'habitude la plus saine à adopter dans ce cas-ci, comme dans tous les cas d'ailleurs. Certaines personnes ne tolèrent pas les œufs et d'autres peuvent en manger sept à huit par semaine et s'en porter très bien, c'est une question de capacités individuelles.

Il est recommandé cependant de se procurer, autant que possible, des œufs de ferme provenant de poules engraissées au grain, et non aux hormones. On peut reconnaître ces œufs à leur jaune très coloré (attention aux imitations chimiques, faites vos achats dans des établissements reconnus) et à la consistance de leur blanc qui doit être épais et bien adhérer au jaune. Il est conseillé de les manger les plus frais possible car, comme tout aliment naturel non préservé chimiquement, ils deviennent très vite avariés et peuvent créer un empoisonnement sérieux. Une conservation réfrigérée de une à deux semaines représente une marge de sécurité valable.

Les fromages

Produits par la séparation, à l'aide d'un catalyseur, puis la cuisson ou le vieillissement des solides du lait, les fromages sont la forme la plus répandue sous laquelle le lait est consommé. Ils sont fabriqués généralement à partir du lait de vache, mais on peut tout aussi bien utiliser le lait de n'importe quel autre animal, comme la chèvre par exemple. Il existe plus de 400 variétés de fromages qui sont classées en dix-huit catégories et regroupées selon leur consistance et leur goût.

Les fromages *Brie*, *Camembert* et *Richelieu* sont considérés comme des pâtes molles, les *Oka* et *Anfrom* des pâtes moyennes et les *Parmesan*, *Emmenthal* et *Gruyère* des pâtes fermes. Le fromage *cottage* est un fromage en crème hautement recherché dans les régimes amaigrissants pour sa basse teneur en matières grasses et donc en calories. Le *Munster* est un fromage à consistance moyenne, et le *Cheddard* est considéré comme un fromage à pâte ferme.

Pour fabriquer un kilo de fromage ferme, il faut 10 litres de lait. Ce sont donc des aliments très complets et nourrissants qui contiennent environ 50% de matières grasses et de 8 à 36% de protéines. Ils renferment en outre une bonne quantité de vitamines A et B, du calcium et du sodium.

Pour favoriser la perte de poids, il vaut mieux rechercher les variétés à faible teneur en matières grasses, que l'on trouve d'ailleurs à peu près partout aujourd'hui. Les fromages durs sont plus gras que les fromages mous, et les fromages frais à consistance de crème sont moins riches en calories car ils contiennent beaucoup d'eau (82% d'humidité pour les fromages à 0% de matières grasses).

À cause donc de leur richesse en protéines complètes et de leur basse teneur en calories, ils peuvent être utilisés à loisir dans les régimes amaigrissants et ils rencontrent les exigences du *Guide Alimentaire Canadien* sur les produits laitiers.

Les fromages à consistance ferme peuvent être conservés assez longtemps, tandis que ceux à consistance molle doivent être consommés rapidement après l'ouverture de l'empaquetage. Quant aux fromages à consistance crémeuse, comme le fromage *Cottage*, ils doivent être mangés autant que possible dans la semaine qui suit leur fabrication et conservés au réfrigérateur.

Le yogourt

C'est l'aliment par excellence pour les personnes tolérant mal le lait. Car, il est démontré aujourd'hui de façon scientifique que la majorité des adultes ne possèdent plus l'enzyme nécessaire à la digestion du lait. C'est un phénomène parfaitement normal étant donné que cet aliment est destiné aux enfants qui ne peuvent pas encore être nourris avec des substances solides. Mal digéré, le lait fermente dans l'estomac et dans les intestins, surtout, en engendrant des millions de bactéries qui, en plus de tous les désagréments connus, tels que flatulence, gaz, etc., peuvent causer de sérieux problèmes de santé.

Le yogourt toutefois, à cause de sa préparation spéciale — il est pré-digéré — offre toute la richesse du lait, sans que l'on ait à souffrir des inconvénients. On le fabrique en introduisant, dans du lait chaud, des bactéries et en maintenant constante une certaine température jusqu'à sa fermentation complète.

Riche en protéines, en hydrates de carbones, en matières grasses, il contient aussi beaucoup de calcium, de fer, de vitamines A et B. Entre autres propriétés, il est très efficace pour rétablir la flore intestinale et combattre ainsi les diarrhées, la constipation, les flatulences et les ulcères. Entouré d'un mystère et d'un prestige tout à fait spécial depuis l'antiquité où on le qualifia de "lait de vie éternelle", on prétend encore aujourd'hui qu'il possède des propriétés antiseptiques et désintoxiquantes qui lui confèrent une place privilégiée dans le traitement du diabète, des rhumatismes et du rhume. Grâce à son action bénéfique sur la digestion, on peut le combiner avec la plupart des aliments. On peut le fabriquer soi-même en se procurant une yaourtière et en suivant le mode d'emploi. Ceux qui veulent perdre du poids auront intérêt à le consommer nature, sans addition de sucre ou de fruits.

Les céréales

Elles constituent les aliments les plus complets et les plus nourrissants qui soient. Elles sont composées d'environ 20% de protéines, 2% à 3% de matières grasses, 65% d'hydrates de carbone et 10% de fibres, ce qui les rend conformes à tous les critères de bonne santé. Elles sont, de plus, riches en vitamines B et E, magnésium, phosphore, fer, potassium, calcium et huiles insaturées. Elles ne sont pas toxiques, comme la chair animale, et elles stimulent la digestion et l'élimination.

Les principales céréales sont: le blé, le riz, le millet, le maïs, le sarrasin, le seigle et tous les haricots (soya, pois, lentilles, etc.) qui contiennent le plus de protéines. Ces dernières demandent, pour leur digestion, d'être cuites.

Dans la dernière catégorie de céréales, on trouve les graines ou oléagineux qui sont riches en vitamine B et en matières grasses et représentent les aliments les plus calorifiques qui soient. Parmi ceux-ci on retrouve les graines de tournesol, de sésame, de coton, de citrouille, les noix, noisettes, amandes, cacahouettes, pistaches, châtaignes (marrons), noix du Brésil, pacanes, noix d'acajou, etc., qui se mangent crus.

On croit, à tort, que les céréales font engraisser. Mais c'est en grande partie dû au fait qu'on les consomme en compagnie d'autres aliments ou plats plutôt que seules. Ce sont des aliments si complets qu'ils se suffisent à eux-mêmes et ne peuvent être combinés (à part, bien entendu, avec tous les légumes verts et quelques fruits, à l'occasion) à rien d'autre sans risque d'indigestion.

On les raffine, — à tort — ce qui les dépouille de leurs fibres et de leurs vitamines et ajoute encore un obstacle de plus à leur assimilation. À cause de leur richesse, il serait prudent d'en limiter la consommation pendant un régime amaigrissant. Toutefois, dans la phase de maintien, si on les prend avec des légumes verts, elles représentent l'aliment le plus sain qui soit.

Il nous a semblé important, ici, d'ouvrir une parenthèse sur le cas du soya qui prend, aujourd'hui, l'apparence d'un aliment presque miraculeux. Les Orientaux l'avaient d'ailleurs depuis longtemps reconnu, avec l'orge, le blé, le riz et le millet, comme une des "cinq graines sacrées". Doté de multiples propriétés, le soya est très recherché par les végétariens. Cet aliment est constitué d'au moins 40% de protéines contenant les 22 acides aminés; ce qui en fait un aliment complet au même titre que la viande, le poisson, les œufs, les produits laitiers, la levure de bière et le germe de blé (l'appartenance aux protéines complètes de ces deux derniers aliments étant toutefois controversé). Il contient, de plus, 20% d'huile insaturée et il est riche en vitamines A, B et E, en cuivre, fer, calcium, etc.

Il peut être consommé sous forme de graines, pousses, (qui se mangent crues ou cuites à la vapeur), farine, lait, tofu ou fromage. En plus de servir de substitut à la viande, il remplace avantageusement la crème glacée, c'est le *Tofuti*. La sauce de soya et les protéines de soya texturées sont principalement utilisées dans des préparations qui ont l'apparence d'un plat de viande.

Le poisson

Il représente la protéine complète idéale après les céréales, les œufs et les produits laitiers. Il est préféré aux viandes rouges et aux volailles à cause de sa plus basse teneur en matières grasses insaturées. Grâce à sa haute teneur en eau (70%), il est peu calorifique et, de plus, sa chair contient beaucoup de minéraux, dont le phosphore et l'iode, et il est riche en vitamine B. Il n'est pas encore intoxiqué par toutes sortes d'hormones ou d'antibiotiques que l'on retrouve dans la plupart des viandes d'aujourd'hui. Il faut toutefois surveiller sa provenance, à cause du haut taux de mercure — élément toxique contenu dans les eaux de certaines régions particulières, surtout les eaux douces — qu'il peut recéler.

Les légumes

L'*artichaut* est recommandé pour stimuler les sécrétions de la bile et aider son évacuation vers l'intestin. On l'utilise dans la fabrication de nombreux médicament digestifs. Pour une action optimale sur le foie, il est recommandé d'en manger les feuilles en salade.

L'*asperge* agit efficacement sur le foie, car elle est diurétique et favorise la guérison des problèmes de la vessie et des calculs rénaux.

La *carotte* est une bonne source de vitamine A, elle aide la croissance, elle régularise les fonctions intestinales, augmente le volume des urines, combat la jaunisse, améliore la vue et favorise le rajeunissement de la peau.

Le *brocoli* est un légume de qualité qui contient beaucoup de vitamines et de sels minéraux. Il est préférable de le manger crû.

Le *céleri* est diurétique et aphrodisiaque. Il stimule les fonctions rénales. C'est aussi un digestif et un amaigrissant.

La *chicorée* est diurétique et laxative, elle stimule la sécrétion biliaire et agit comme antiseptique intestinal.

Le *chou* (toutes les variétés) est un stimulant et un désinfectant efficace pour les intestins.

La *citrouille* se digère bien et elle est, de ce fait, recommandée comme premier aliment à prendre après un jeûne.

Elle est diurétique et légèrement laxative. On utilise ses graines comme vermifuge.

Le *concombre* soulage les irritations, les inflammations et les brûlures, c'est pourquoi il entre dans la composition des crèmes pour la peau.

Le *cresson* est riche en vitamines et sels minéraux. Il est recommandé dans cas d'anémie. C'est aussi un diurétique et un excellent dépuratif du sang.

Les *épinards* sont efficaces comme laxatifs. Pour leur haut taux de fer et de vitamine B on les recommande dans les cas d'anémie.

Le *fenouil,* puissant diurétique, est un digestif recommandé dans les traitements contre la cellulite et la rétention d'eau. Il stimule les sucs gastriques et combat les gaz et le ballonnement.

La *laitue* (toutes les variétés) est un sédatif léger (surtout la romaine) qui calme la toux, les palpitations et les insomnies. Recommandée dans les régimes amaigrissants, elle stimule la digestion et, à cause de sa haute teneur en fibre et en eau, aide à soulager la constipation.

L'*oignon* est un antibiotique naturel particulièrement efficace contre les infections cutanées. On le recommande, pour son action diurétique, dans le traitement des affections de la prostate et de la vessie.

Le *persil* est un excellent purificateur du sang et les sels minéraux qu'il contient ont un effet bénéfique sur les cellules cérébrales.

Le *pissenlit,* qui contient surtout du potassium et du fer, est tendre et facile à digérer. Il se mange en salade. Il est légèrement laxatif et c'est, de plus, un diurétique remarquable doublé d'un puissant stimulant du foie et de la vésicule biliaire. Il agit aussi comme régénérateur du sang.

Le *poireau,* en plus d'être diurétique, combat la constipation et les affections des voies respiratoires.

Le *radis* stimule la sécrétion biliaire et lutte contre la constipation.

Le *raifort*, qui contient un peu de fer et beaucoup de soufre, tonifie les muqueuses de la gorge. Il ne peut, à cause du soufre, être utilisé tous les jours, mais c'est un fort stimulant des reins et il agit efficacement contre les excès d'acide phosphorique.

La r*hubarbe* aide la digestion et l'élimination.

Les *tomates*, qui sont en réalité des fruits, contiennent beaucoup de vitamines, du potassium, du phosphore et du calcium. Elles sont laxatives et diurétiques et elles peuvent être mangées crues ou cuites. On peut même en faire des compresses qui, chaudes, sont efficaces pour soulager les entorses.

Le *trèfle* est bon pour le sang lorqu'il est pris en jus ou en tisane. Les fleurs, mangées en salade, constituent un puissant tonique. Grâce à son potassium, le jus de ses feuilles est efficace pour combattre certains problèmes musculaires.

Les fruits

L'*ananas* est diurétique, laxatif et riche en fibres. Il est, de plus, très efficace contre les affections de la gorge.

Les *cerises* sont laxatives et diurétiques. Elles ont, à cause d'une certaine sorte de gomme qu'elles contiennent, un effet bénéfique sur le système digestif. Elles sont aussi riches en potassium et en vitamine C.

Le *citron* empêche la putréfaction et il est riche en vitamine C. Pris à jeun le matin ou au cours de la journée, avec de l'eau, il contribue au nettoyage du foie. Il est antiseptique et aide à lutter contre les rhumes et grippes.

Les *figues*, quoique légèrement calorifiques, favorisent l'élimination et sont excellentes pour le cerveau et les nerfs car elles contiennent beaucoup de phosphore, de magnésium et de potassium.

Les *fraises,* qui sont laxatives et diurétiques, contiennent du sodium, du potassium, du calcium, du soufre et du fer.

Le *jus de framboises noires* est excellent pour le sang. Son effet astringent fait qu'on l'utilise souvent dans les troubles stomacaux et intestinaux.

Les *groseilles* contiennent du phosphore, du sodium et du magnésium. On prétend que le jus de groseilles est efficace pour combattre les cas d'éruptions cutanées.

Les *melons*, qui sont très rafraîchissants, se mangent seuls et ont la propriété d'arrêter la transpiration.

Les *olives* sont laxatives et aident les sécrétions du foie. Elles sont aussi utiles pour assouplir les artères et faire baisser la fièvre.

L'*orange* est riche en vitamine C et l'acide formique que contient sa peau lui confère des vertus antiseptiques et toniques pour les voies digestives.

L'*oseille* tonifie les nerfs fatigués.

Le *pamplemousse*, riche aussi en vitamine C, possède à peu près les mêmes vertus que l'orange et le citron.

Les *poires* sont riches en fer Elles sont aussi très efficaces dans la désintoxication du foie si on les prend à jeun le matin.

Les *pêches* sont riches en acide malique. On y retrouve aussi du potassium, du phosphore, du sodium, du calcium et du soufre. C'est un fruit qui possède de bonnes propriétés laxatives et diurétiques.

Les *pommes,* à cause de leur acidité naturelle et de leurs fibres, aident beaucoup la digestion. Elles contiennent de la vitamine B, du potassium, du phosphore, du calcium, du sodium. À cause de leurs effets laxatif et diurétique, on les utilise souvent dans les cures d'amaigrissement.

Les *prunes* contiennent du magnésium et du phosphore et ont une action laxative et diurétique.

Les *raisins* sont riches en vitamines, ils contiennent du phosphore et un pourcentage élevé de potassium, ainsi que des oligo-éléments. Les propriétés laxatives et diurétiques du raisin en font un des aliments préférés utilisés dans les cures de nettoyage printanières et automnales. Étant donné qu'il est très sucré, il vaut mieux ne pas trop en consommer pendant un régime amaigrissant.

Aliments conseillés

Tous les aliments pauvres en gras
(voir *Classification des aliments*).

Les aliments laxatifs
(voir *Classification des aliments*).

Les aliments formateurs de muscles
(voir *Classification des aliments*).

Les aliments faibles en gras et en sucre
(voir *Classification des aliments*).

Les aliments éliminateurs (dépuratifs)
(voir *Classification des aliments*).

Les herbes

- L'*aneth* est efficace contre l'aérophagie. Il est diurétique, digestif et antispasmodique. Il accompagne bien le poisson et les salades.

- L'*anis* est antispasmodique, il soulage aussi les coliques et les douleurs menstruelles.

- L'*ail* stimule le cœur et le système cardio-vasculaire. Ses propriétés antiseptiques en font un outil efficace pour combattre les rhumes, les bronchites et les diarrhées.

- Le *basilic* est un désinfectant et un antispasmodique qui est utilisé contre les douleurs stomacales et les migraines.

- Le *cerfeuil* est purgatif et diurétique. Il est délicieux dans les salades.

- La *feuille de laurier* est antiseptique, diurétique et elle stimule l'appétit. Elle accompagne bien le poisson et les viandes. Elle empêche aussi les fermentations.

- La *marjolaine,* dont l'effet sédatif léger calme les nerfs et combat l'insomnie, se sert en salade ou avec du fromage et les volailles.

- La *menthe* est digestive, tonifiante et antiseptique, et elle est délicieuse en salade et dans les plats de viande mijotés.

- Le *persil* est riche en vitamine C et sels minéraux. Il combat efficacement la rétention d'eau.

- Le *romarin* stimule les fonctions du foie. On s'en sert surtout comme aromate.

- Le *thym* est très efficace pour combattre les gaz et le ballonnement propre aux aérophagiques. Il est aussi antiseptique et favorise la transpiration.

Les plantes à infuser:

- Le *boldo* est efficace contre la constipation car il stimule les sécrétions biliaires.

- La *camomille* est apéritive, calmante et elle soulage les douleurs stomacales.

- Les *queues de cerises* sont un diurétique très efficace.

- La *passiflore,* dont l'action calmante agit particulièrement sur le cortex cérébral, est employée couramment contre les insomnies.

- Le *séné* est un laxatif très efficace.

- Le *tilleul* aide la digestion en calmant le système nerveux. Il favorise aussi le sommeil.

- La *valériane* calme efficacement le système nerveux en général. Elle est aussi utilisée comme sédatif.

La *verveine* est apéritive et digestive et agit efficacement pour calmer la douleur.

Aliments déconseillés

Les aliments constipants: à consommer prudemment (voir *Classification des aliments*).

Les aliments engraissants: à consommer prudemment (voir *Classification des aliments*).

Les aliments riches en sucre, amidons (féculents) (voir *Classification des aliments*).

Les aliments de flatuosité (créateurs de gaz intestinaux) (voir *Classification des aliments*).

Les excitants.

Le café.

L'alcool.

Le tabac.

Les faux-sucres (chimiques).

Les additifs chimiques (colorants).

Les préservatifs.

Les conserves.

18. Recettes

Les laits

Lait d'ananas aux amandes
- 250 ml (1 tasse) de purée d'ananas
- 125 ml (1/2 tasse) de lait d'amandes (purée)
- 250 ml (1 tasse) d'eau.

  Mélanger et refroidir.

Lait d'ananas
- 125 ml (1/2 tasse) de jus d'ananas
- 125 ml (1/2 tasse) d'eau
- 125 ml (1/2 tasse) de lait en poudre.

  Mélanger les trois ingrédients dans un malaxeur pendant quelques minutes. Refroidir.

Lait caillé
- 1 l (1 pinte) de lait en poudre reconstitué
- jus d'un demi-citron.

   Bien mélanger le lait au citron. Laisser à la tempé-
   rature de la pièce pendant 2 à 3 jours. Consom-
   mer.

Lait de noix d'acajou
- 125 ml (1/2 tasse) de noix d'acajou
- 125 ml (1/2 tasse) de jus d'oranges
- 125 ml (1/2 tasse) de jus de fraises
- 125 ml (1/2 tasse) d'eau.

   Mettre les noix dans le broyeur avec quelques
   gouttes d'eau afin d'obtenir une pâte bien lisse.
   Ajouter le reste de l'eau et les jus de fruits. Mélan-
   ger tous les ingrédients et réfrigérer pendant 30
   minutes avant de servir.

Lait aux fraises
- 125 ml (1 tasse) de fraises fraîches
- 1/2 l (2 tasses) de lait en poudre reconstitué.

   Mélanger tous les ingrédients au malaxeur. Re-
   froidir si désiré.

Lait aux noix
- 125 ml (1 tasse) de noix au choix (amandes, arachides, graines de tournesol, etc.)
- 1 l (4 tasses) d'eau.

   Broyer les noix. Lorsque le mélange est devenu
   parfaitement homogène, ajouter l'eau. Mélanger
   et réfrigérer.

Lait à la noix de coco

- 125 ml (1/2 tasse) de noix de coco
- 250 ml (1 tasse) d'eau.

Broyer la pulpe de coco dans 125 ml (1/2 tasse) d'eau. Ajouter le reste de l'eau et laisser macérer pendant environ une heure au réfrigérateur. Filtrer avant de consommer.

Lait de noix de coco à l'orange

- 1/2 l (2 tasses) de jus d'oranges pressées
- 1/2 l (2 tasses) de lait en poudre reconstitué
- 125 ml (1/2 tasse) de noix de coco.

Peler les oranges très minces de façon à n'enlever que la partie colorée de la peau. Mêler tous les ingrédients et mettre au réfrigérateur.

Lait de sésame

- 250 ml (1 tasse) de graines de sésame
- 250 ml (1 tasse) d'eau
- 250 ml (1 tasse) de jus de fraises ou d'ananas et oranges.

Bien mélanger les ingrédients et laisser macérer 1/2 heure au réfrigérateur.

Lait de soya

- 250 ml (1 tasse) de fèves de soya
- 750 ml (3 tasses d'eau) environ.

Laisser tremper les fèves soya dans l'eau froide. Les conserver au réfrigérateur de 24 à 48 heures en ayant soin de les maintenir toujours submergées. Enlever l'eau et les déposer dans une casserole avec 1 l (4 tasses) d'eau chaude. Les laisser mijoter, à feu doux, pendant 15 minutes. Égoutter et refroidir. Mettre dans un broyeur avec 750 ml (3 tasses) d'eau froide et mélanger.

Lait de soya

- 250 ml (1 tasse) de farine soya
- 1 l (4 tasses) d'eau.

Mélanger la farine de soya avec l'eau. Laisser reposer pendant environ 20 minutes. Cuire ensuite à feu doux pendant 20 autres minutes et refroidir.

Le lait soya peut remplacer le lait de vache car il est beaucoup plus riche.

Les cocktails

Cocktail aux fraises

- 1/2 l (1 chopine) de fraises
- 1 citron pelé et coupé en quatre
- 1 orange pelée et coupée en morceaux
- 3/4 à 1 l (3 ou 4 tasses) d'eau.

Placer dans le mélangeur, les fraises, le citron, l'orange et 250 ml (1 tasse) d'eau. Couvrir et mélanger pendant une minute. Ajouter la quantité d'eau qui reste. Couvrir et mélanger à nouveau quelques secondes. Refroidir.

Boisson savoureuse

- 3 pommes
- 2 carottes
- 1 branche de céleri.

Se servir d'un extracteur à jus et boire frais.

Cocktail exquis
- 5 tranches d'ananas frais
- 1 branche de céleri
- 1 tranche de concombre
- 1/2 tranche de citron
- 1 carotte.

Cocktail mousseux
- 5 tranches d'ananas
- 2 pommes
- quelques fraises.

Cocktail printanier
- 2 oranges pelées
- 1/2 citron pelé
- 2 carottes.

Cocktail délicieux
- 1/2 l (2 tasses) de fraises
- 3 oranges
- 4 tranches d'ananas.

Cocktail "anti-acidité"
- 4 tomates
- 250 ml (1 tasse) de feuilles de laitue (feuilles vertes).

Cocktail de feuilles de betteraves
- 6 à 8 tomates
- 1 tasse de feuilles de betteraves
- 1 tranche de citron.

Cocktail abitibien
- 6 carottes
- 3 oranges
- 2 pommes
- 2 tiges de céleri
- 1 tranche de citron.

Cocktail doré
- 3 oranges
- 1 petit concombre.

Cocktail salubre
- 3 ou 4 carottes
- 3 tomates
- 2 branches de céleri
- quelques feuilles d'épinards.

Cocktail dépuratif
- 1 tranche d'ananas
- 1 tranche de citron
- 4 tomates.

Cocktail campagnard
- 1/2 l (2 tasses) de jus de pommes frais
- 1 orange
- 2 carottes
- 1 tomate
- 3 cubes de glace.

Mettre tous les ingrédients avec le jus de pommes dans le broyeur. Couvrir. Mélanger une minute et servir.

Bouillons, crèmes, potages, soupes

Bouillon de légumes [pour 4 l (1 gallon) d'eau]
- 2 carottes moyennes
- 1 navet moyen avec pelure
- 2 poireaux
- 2 oignons
- 1 gousse d'ail
- 1 petit panais
- 1 petite tomate
- 4 à 5 feuilles d'escarole (laitue verte)
- 2 à 3 branches vertes de céleri
- quelques haricots verts
- 1 feuille de laurier
- persil et cerfeuil.

Laisser mijoter très doucement pendant une heure. Servir chaud ou garder au réfrigérateur pour plus tard.

Potage printanier
- 115 g (4 oz) de carottes
- 115 g (4 oz) de navets
- 1 poireau
- 2 branches de céleri
- 1 gros oignon
- 55 g (2 oz) de petits pois
- 55 g (2 oz) de haricots verts
- quelques bouquets de persil.

Couper les légumes en dés. Cuire carottes et navets dans un peu d'eau environ 20 minutes à feu doux. Ajouter les autres légumes et cuire environ 15 minutes de plus, toujours à feu doux. Dissoudre un cube de bouillon et laisser mijoter une minute. Servir à un repas de farineux.

223

Potage à la canadienne

- 125 ml (1/2 tasse) de carottes
- 125 ml (1/2 tasse) de navet
- 125 ml (1/2 tasse) de poireau
- 125 ml (1/2 tasse) de céleri
- 125 ml (1/2 tasse) d'oignons
- 2 cubes de bouillon végétal *Morga*.

Couper tous les légumes en cubes de grosseur moyenne et cuire dans 1/2 l (2 tasses d'eau) environ 15 minutes. Ajouter les cubes de bouillon végétal et laisser mijoter 2 minutes de plus. Un "pois" de beurre au moment de servir.

Potage aux tomates

- 375 ml (1 1/2 tasse) d'eau
- 5 à 6 tomates moyennes
- 2 oignons
- 2 gousses d'ail
- 3 branches de céleri
- 1 cube de bouillon végétal
- persil, thym, laurier.

Couper les légumes en cubes et cuire 15 à 20 minutes. Ajouter les tomates pelées et laisser mijoter de 4 à 5 minutes avec le cube de bouillon. Servir à un repas de protides.

Soupe au chou

- 1/2 l (2 tasses) d'eau
- 125 ml (1/2 tasse) de chou finement haché
- 1 petit oignon finement haché
- 1 cube de bouillon *Morga*
- fines herbes.

Mettre tous les ingrédients dans une marmite et cuire environ 10 minutes. Ajouter le cube de bouillon et tout autre assaisonnement désiré et laisser mijoter quelques minutes de plus.

Crème de légumes

- 1 gousse d'ail
- 1 oignon
- 1/2 piment vert
- 3 branches de céleri
- 4 tomates bien mûres
- 1 cube de bouillon végétal salé *Morga*.

Mettre tous les ingrédients dans le broyeur et travailler jusqu'à belle consistance. Ajouter le cube de bouillon végétal et faire chauffer pour le dissoudre. Servir chaud.

Soupe au soya

- 750 ml (3 tasses) d'eau
- 5 ml (1 c. à thé) de flocons de légumes
- 65 ml (1/4 tasse) de spaghetti soya coupé en petits morceaux
- 5 ml (1 c. à thé) d'assaisonnement (goût de poulet).

Chauffer l'eau avec les flocons de légumes jusqu'à ébullition et y verser les spaghettis en pluie. Bien brasser pendant les premiers moments de cuisson. Assaisonner. Cuire 10 minutes. Au moment de servir, ajouter une noisette de beurre.

Soupe aux lentilles

- 250 ml (1 tasse) de lentilles
- 125 ml (1/2 tasse) de millet
- 625 ml (2 1/2 tasses) d'eau
- 15 ml (1 c. à table) de flocons (pour soupe)
- 1 oignon
- feuilles de céleri.

Faire tremper les lentilles dans l'eau froide pendant environ 2 heures. Ajouter le millet, les flocons de soupe et l'oignon. À la fin, ajouter les feuilles de céleri. Servir avec une tranche de pain sans aucun corps gras (lipide).

Salades

Basconnaise aux oeufs (pour 4 personnes)
- 8 tomates moyennes
- 1 piment doux
- 1 gros oignon
- 15 ml (1 c. à table) de persil haché
- 1 gousse d'ail râpé
- 8 oeufs cuits durs
- sel végétal
- jus d'un citron.

Couper les tomates en quartiers, le piment en lanières et l'oignon en rondelles. Mélanger le tout. Mettre dans un saladier et disposer les oeufs coupés en deux autour du plat.

Carottes à la mayonnaise

Cuire des carottes à la vapeur et les couper en rondelles. Verser dans un plat, ajouter des olives dénoyautées, couvrir d'une mayonnaise naturiste et entourer de tomates.

Couronne d'or
- 2 carottes moyennes
- 4 petits oignons blancs
- 5 olives noires
- 30 ml (2 c. à table) de mayonnaise
- 15 ml (1 c. à table) de persil haché.
- le blanc d'un poireau

Après avoir râpé les carottes, les mélanger à la mayonnaise. Disposer en couronne et cerner le tour de la couronne avec le persil. Garnir le dessus alternativement avec 1 olive, 1 oignon blanc, 1 rondelle de blanc de poireau.

Cœur de laitue

Assaisonner des petites laitues coupées en deux et recouvertes de cerfeuil, de purée d'amandes et de jus de citron. Servir à un repas de noix.

Radis roses et noirs en salade

Couper des rapis roses en rondelles et du radis noir en lamelles. Déposer sur des feuilles de laitue et de chicorée. Hacher du cerfeuil et un peu d'estragon. Faire une sauce avec un jus de citron et un peu de yogourt. Bien arroser les radis et saupoudrer le tout avec le cerfeuil et l'estragon. Servir à un repas de fromage.

Salade hirondelle

Sur une couche de betteraves crues râpées et assaisonnées d'huile ou de mayonnaise à la poire d'avocat, poser des endives coupées en julienne et huilées. Parsemer d'olives noires et entourer de persil et de tranches de citron.

Salade aux oeufs

- 2 tomates
- 2 branches de céleri
- 2 échalotes
- 2 radis
- un peu de chicorée
- persil et laitue.

Couper en cubes céleri, échalotes, radis, persil, laitue et chicorée. Assaisonner de sel végétal et de quelques gouttes de vinaigre de cidre, si désiré. Déposer sur de belles feuilles de laitue. Décorer avec des tranches de tomates et des oeufs cuits durs coupés en rondelles. Si on préfère, on peut cuire légèrement les oeufs et les mélanger à la salade.

Salade pour repas de protides

- Laitue, tomates, asperges, escarole, céleri, poivron (piment vert), persil, radis.

Couper en cubes tous les légumes. Assaisonner de catsup naturiste, de betteraves râpées ou de betteraves et de concombres dans le vinaigre de cidre. Sel végétal, si désiré. Déposer le tout sur des feuilles de laitue et décorer de tomates, persil et radis. Peut être servi à un repas de fromage et d'olives.

Verdurette de juin

- 1 feuille de chou en forme de coquille
- 1 poignée de cresson
- 3 à 4 feuilles d'épinard
- 1 fond cru de petit artichaut
- 1 carotte moyenne
- 1 oignon blanc
- 1 gousse d'ail
- 20 ml (1 1/2 c. à table) d'huile pressée à froid
- un peu de laitue
- sel végétal
- citron
- ciboulette (si désiré).

Assaisonner le cresson, la laitue coupée en lanières ainsi que les feuilles d'épinard avec de l'huile et de la ciboulette. Déposer dans la feuille de chou bien lavée et essuyée. Garnir avec les morceaux de fond d'artichaut, l'oignon coupé en rondelles et l'ail émincé. Faire une bordure avec la carotte râpée. Couper les bords de la feuille de chou pour qu'elle soit de bonne dimension et choisir, de préférence, une feuille au cœur bien tendre pour qu'elle puisse être dégustée avec la verdurette.

Tomates au fromage

Couper les tomates en deux, les évider légère-
ment, les recouvrir de fromage râpé. Mettre sur
des feuilles de laitue et de chicorée. Saupoudrer
de persil et d'échalotes finement hachés. Servir à
un repas de fromage.

Plats de viandes

Bœuf aux oignons

- Quelques gros oignons coupés
- un peu de bœuf en cubes
- céleri coupé en dés
- un peu de thym ou de fines herbes
- sel de mer.

Mettre dans une casserole le bœuf maigre en cu-
bes. Faire cuire environ 20 minutes dans très peu
d'eau. Ajouter oignons, céleri et fines herbes.
Couvrir et laisser mijoter à feu très doux jusqu'à ce
que l'eau soit entièrement absorbée. Laisser jaunir
et ajouter un petit peu d'eau pour en faire une
sauce dorée. Servir après une belle salade.

Chop suey au boeuf

- 1/2 l (2 tasses) d'oignons hachés
- 1/2 l (2 tasses) de céleri en cubes
- 375 ml (1 1/2 tasse) de bouillon de boeuf dégraissé
- 1/2 kg (1 livre) de bœuf maigre haché
- 1/2 kg (1 livre) de fèves germées
- sel de mer et fines herbes.

Mettre dans une casserole les légumes, le bœuf et
le bouillon. Brasser légèrement le tout, couvrir et
cuire environ 12 minutes. Ajouter les fèves ger-
mées, mélanger et cuire environ 5 ou 6 minutes de
plus.

Côtelettes d'agneau

- 4 à 6 côtelettes d'agneau dégraissé
- 4 oignons
- 250 ml (1 tasse) de champignons
- 2 gousses d'ail
- fines herbes
- sel végétal.

Rôtir à feu vif les côtelettes d'agneau. Mettre, dans une casserole, une couche d'oignons émincés, les côtelettes et couvrir avec des champignons hachés. Ajouter un tout petit peu d'eau, si nécessaire, avec les gousses d'ail écrasées, les fines herbes et un peu de sel végétal. Cuire environ 40 minutes au four. Servir après une belle salade verte.

Filet de bœuf

Cuire, dans un four très chaud (260°C ou 500°F), un filet d'environ 1 kg (2 livres) pendant 15 minutes. Préparer des rondelles de carotte, du céleri et des oignons coupés en dés. Disposer ces légumes au fond d'un plat et le filet par-dessus. Arroser avec un bouillon et cuire à nouveau pendant 30 minutes à 190°C (375°F). Retirer le filet et faire une sauce avec les légumes en les broyant. Couper le filet en tranches et servir avec la sauce, après une bonne salade verte. On peut aussi, si on le désire, servir d'autres légumes cuits, comme des aubergines et des champignons.

Steak roulé
- 2 tranches de steak (dans la ronde)
- 1 ou 2 gousses d'ail
- quelques oignons émincés
- feuilles de céleri coupées finement
- fines herbes.

Enlever tout le gras de la viande. Mélanger ail, oignons, céleri et fines herbes avec un petit peu de sel de mer. Étendre la moitié du mélange sur une tranche de steak et la rouler solidement. Étaler le reste des légumes hachés sur la deuxième tranche et la rouler par-dessus la première. L'attacher solidement avec du fil. Mettre un peu d'eau chaude dans la casserole. Servir avec oignons, champignons et poivrons (piments verts).

Le poisson

Aiglefin au four
- 5 à 6 tomates
- 185 ml (3/4 de tasse) d'échalotes
- 65 ml (1/4 de tasse) de persil
- filets d'aiglefin
- carottes
- basilic
- sel végétal
- paprika.

Ébouillanter et peler les tomates. Les placer dans un plat en pyrex. Saupoudrer de basilic et de sel végétal. Ajouter les filets de poisson et recouvrir d'échalotes et de persil hachés. Couper quelques rondelles de carottes. On peut ajouter du paprika, si désiré. Cuire environ 25 minutes dans un four à 200°C (400°F).

Flétan à l'oignon
- Tranches de flétan de 2,5 cm (1 pouce)
- jus de citron
- catsup rouge en sauce
- sel végétal
- tranches d'oignons.

Mettre dans une casserole les tranches de flétan. Arroser de jus de citron et de catsup. Sel végétal. Recouvrir de tranches d'oignons coupés finement. Couvrir et laisser cuire à feu doux environ 25 minutes. Servir avec légumes.

Le fromage

Fromage cottage aux fines herbes
- 1 paquet de fromage cottage
- un peu de jus de citron
- un peu de jus de tomates
- une gousse d'ail râpé
- un peu de persil et de ciboulette.

Bien mélanger le tout et réfrigérer. Déguster avec une salade verte.

Fromage cottage aux pêches, kakis ou pommes
- 1 paquet de fromage cottage
- pêches, kakis ou pommes.

Bien mélanger les ingrédients et les verser dans de petits plats. Laisser refroidir. Avant de servir, garnir de cerises ou de raisins.

Cottage aux fruits acides (comme déjeuner)
- 1 paquet de fromage cottage
- quelques tranches d'ananas et d'oranges écrasés.

> *Mêler les ingrédients et verser dans de petits plats. Décorer de fraises et de quartiers de mandarines.*

Sauce au fromage
- 1 tasse de jus de tomates fraîches
- 1 ou 2 échalotes
- 5 ml (1 c. à thé) de flocons de soupe
- 1 cube de bouillon végétal
- fromage.

> *Cuire à feu doux les flocons de soupe avec les échalotes. Ajouter le jus de tomates et le bouillon végétal. Amener au point d'ébullition. Ajouter du fromage râpé. Fermer la casserole. Prêt à servir dans une ou deux minutes sur les légumes cuits à un repas de fromage.*

Les œufs

Omelette aux champignons, oignons et poivron
- 250 ml (1 tasse) de champignons
- 250 ml (1 tasse) d'oignons
- 125 ml (1/2 tasse) de poivron (piment vert)
- 1 cube de bouillon végétal *Morga*.

> *Couper en morceaux les légumes, ajouter 65 ml (1/4 tasse) d'eau et laisser cuire à feu doux. Vers le milieu de la cuisson, ajouter le cube de bouillon végétal. Mettre cette préparation entre deux omelettes et décorer au goût.*

Plats de légumes chauds

Artichauts aux oignons
- Oignons
- persil
- artichauts
- champignons
- échalotes
- cube de bouillon végétal, si désiré.

Mettre à cuire, sur feu doux, des oignons émincés et du persil haché. Faire blanchir des artichauts pendant 5 minutes environ. Égoutter, retirer le foin et remplir les cavités avec la farce. Les mettre ensuite à cuire doucement dans une casserole avec des champignons et du persil.

Préparation de la farce:

Cuire ensemble les champignons, oignons, échalotes, persil haché et cube de bouillon végétal, si désiré.

Artichauts sur le plat
- Artichauts
- carottes
- pois frais
- persil
- feuilles de céleri
- beurre de lécithine.

Bien laver les artichauts et les couper en six avant de les faire cuire. Retirer le foin, couper les feuilles à moitié, les ranger au fond d'une casserole huilée, ajouter 2 carottes en rondelles, 3 c. de pois frais par artichaut, un peu de persil et des feuilles de céleri. Cuire très doucement à l'étouffée. Ajouter le beurre de lécithine au moment de servir. Va avec un repas farineux.

Asperges au gratin

Faire cuire des asperges fraîches dans très peu d'eau. Lorsque tendres, les égoutter et les couper en morceaux de 4 cm (1 1/2 po) environ. En disposer une moitié dans un plat allant au four, et recouvrir de fromage blanc râpé. Ajouter une seconde couche d'asperges et saupoudrer de fromage râpé. Mettre quelques minutes dans un four modéré. Servir avec de la crème fraîche, si désiré.

Aubergine au fromage

- 1 aubergine
- 4 à 5 tranches de tomates
- 2 oignons
- 2 branches de céleri
- 1/2 poivron (piment vert)
- fromage
- cube de bouillon végétal.

Couper l'aubergine dans le sens de la longueur. Recouvrir le fond d'une casserole avec la moitié de l'aubergine. Couvrir de tomates, poivron (piment vert), rondelles d'oignons et céleri en cubes. Faire un deuxième rang. Ajouter 1/8 d'eau dans laquelle on a dissout le cube de bouillon végétal. Cuire 10 à 15 minutes au four à 175°C (350°F). Recouvrir de fromage à la fin de la cuisson et servir avec une salade verte et du catsup naturel.

Aubergine aux tomates

- 1 aubergine
- fines herbes
- tomates
- fromage blanc.

Couper une aubergine en tranches de 1 1/2 cm (1/2 po). Saupoudrer de fines herbes. Cuire à la vapeur. Lorsque cuite, placer dans des petites assiettes de pyrex. Placer sur chaque tranche 2 ou 3 morceaux de tomate et laisser gratiner. Une minute avant de servir, saupoudrer de fromage blanc.

"Blé d'Inde" cuit au four

Éplucher le blé d'Inde jusqu'à ce qu'il ne reste environ que 2 ou 3 feuilles. Mouiller ces feuilles et mettre dans une lèchefrite. Cuire 25 minutes dans un four à 220°C (425°F). Délicieux.

Céleri à l'ancienne

- Céleri
- 2 oignons
- carottes
- 1 gousse d'ail
- tomates
- bouillon végétal.

Choisir un beau pied de céleri. Couper les branches en plusieurs tronçons. Cuire à l'eau bouillante pendant 10 minutes environ (dans peu d'eau). Ajouter 2 oignons, des rondelles de carottes et une gousse d'ail avec les branches de céleri et des tomates coupées en quartiers. Laisser cuire à feu doux et, deux minutes avant de retirer du feu, ajouter du bouillon végétal.

Céleri en purée

- 3 à 4 branches de céleri
- 1 oignon
- 3 à 4 pommes de terre.

Couper en petits morceaux, céleri, oignons et pommes de terre. Cuire avec un petit peu d'eau environ 20 minutes. Passer au broyeur. Ajouter du bouillon végétal ou un cube de bouillon Morga salé. Finir la purée avec une noix de lécithine ou de beurre au moment de servir.

Chou aux épinards
- Chou
- épinards
- beurre de lécithine.

Cuire un beau chou à la vapeur. De la même manière, cuire des épinards très légèrement. Après cuisson, disposer dans un plat une couche de chou, une couche d'épinards et ainsi de suite. Mettre quelques minutes au four et ajouter une noix de beurre de lécithine avant de servir.

Choux de Bruxelles au gratin
- Choux de Bruxelles
- pommes de terre
- chapelure.

Cuire les choux de Bruxelles à la vapeur. Lorsqu'ils sont encore fermes, les retirer et les disposer dans un plat. Recouvrir de chapelure et garnir de petites pommes de terre cuites "en robe des champs". Gratiner au four.

Haricots jaunes
- 250 g (1/2 livre) de haricots
- 2 oignons
- 2 branches de céleri avec feuilles
- 1 gousse d'ail
- bouillon *Morga*.

Faire cuire 10 minutes les haricots dans un peu d'eau. Ajouter les oignons émincés avec le céleri coupé en dés et l'ail. Faire mijoter 10 minutes et ajouter le cube de bouillon. Après 2 minutes, retirer du feu et servir avec un peu de beurre de lécithine.

Légumes printaniers

- Petits pois
- pointes d'asperges
- champignons
- carottes
- persil
- thym, laurier, romarin.

Mettre à cuire doucement les petits pois, pointes d'asperges, champignons et carottes coupés en petits morceaux. Ajouter persil, thym, laurier, romarin et un tout petit peu d'eau. D'autre part faire blanchir des haricots verts pendant quelques minutes, les ajouter aux autres légumes et cuire à feu doux jusqu'à cuisson complète. Bouillon végétal, si désiré. Au moment de servir, mettre un peu de beurre de lécithine.

Lentilles au four

- 375 ml (1 1/2 tasse) de lentilles
- 15 à 45 ml (1 à 3 c. à table) de flocons de légumes
- 2 à 3 oignons entiers (si désiré).
- chou-fleur
- navets
- carottes
- haricots, etc.

Laver les lentilles et les mettre à tremper une heure. Il faut que l'eau dépasse les lentilles de 3,5 cm (1 1/2 po). Au moment de cuire, ne pas changer l'eau, mais ajouter les flocons de légumes et les oignons. Afin de garder toute la saveur des lentilles, cuire à feu très doux en commençant la cuisson à 65°C (150°F). Après 2 heures, ajouter les légumes en dés (chou-fleur, navet, carottes, haricots, etc.). Encore 2 heures après, monter alors la chaleur du four à 95°C (200°F).

Poireaux à la bruxelloise

- Poireaux
- choux de Bruxelles
- persil
- beurre

Cuire les poireaux entiers à la vapeur. D'autre part, faire cuire aussi des choux de Bruxelles. Verser les poireaux dans un plat, disposer les choux de Bruxelles autour, garnir de persil et de coquilles de beurre. Servir à un repas de farineux.

La pomme de terre

Pommes de terre aux oignons

- 4 pommes de terre moyennes
- 4 oignons
- persil
- margarine.

Couper les pommes de terre en rondelles assez minces. Assaisonner. Couper les oignons en rondelles. Placer les pommes de terre dans une poêle à frire en fonte badigeonnée d'une bonne couche de margarine. Alterner oignons et pommes de terre en couches. Placer un papier aluminium sur la poêle et une assiette à tarte de 20 cm (9 po) dessus, puis presser pour bien tasser les ingrédients. Mettre au four à 220°C (425°F) pendant 25 minutes. Laisser reposer 5 minutes. Renverser dans une assiette et servir immédiatement.

Pommes de terre aux champignons

- Pommes de terre
- échalotes
- ciboulette
- champignons hachés
- sel végétal, au goût
- persil haché

Cuire les pommes de terre à la vapeur, les couper en tranches et les mettre dans une casserole avec ciboulette, échalotes, champignons hachés et sel végétal au goût. Faire des petites boules, les dorer avec un peu de beurre ou de l'huile de coco et les mettre dans un four chaud quelques minutes. Garnir de persil haché.

Mayonnaise

Mayonnaise sans oeufs

- 15 ml (1 c. à table) de crème d'amandes
- 60 ml (4 c. à table) d'huile
- 1/4 du jus d'un citron
- 1 pincée de sel de mer.

Dans un bol, brasser la crème d'amandes pour faire un mélange bien lisse. Ajouter l'huile goutte à goutte. Quand la mayonnaise commence à épaissir, ajouter l'huile plus rapidement. En dernier lieu, ajouter le jus de citron bien doucement. Si la mayonnaise tourne, ajouter 5 ml (1 c. à thé) d'eau et fouetter vivement. On peut ajouter à volonté: ail pilé, échalote, persil, cerfeuil, estragon. Conserver au réfrigérateur.

Mayonnaise à la poire d'avocat

Écraser un avocat bien mûr avec une fourchette ou le passer au broyeur. Ajouter la même quantité de crème sure et un peu de persil haché finement avec une échalote. On peut aussi y ajouter 1/4 de jus d'un citron. Cette mayonnaise peut également être faite avec de l'huile pressée à froid.

Sauce à la poire d'avocat

- 250 ml (1 tasse) d'avocats écrasés
- 15 ml (1 c. à table) de jus de citron
- 2,5 ml (1/2 c. à thé) de sel végétal
- 2,5 ml (1/2 c. à thé) de sel de céleri.

Bien mélanger le tout dans le broyeur. Vider dans un bocal fermant hermétiquement et mettre au réfrigérateur. Servir surtout lors un repas d'olives.

Millet aux champignons

Prendre la quantité de champignons désirée et faire cuire avec des oignons hachés et du persil. Ajouter du millet et couvrir d'eau. Laisser cuire 15 à 20 minutes environ en remuant de temps à autre. À la fin de la cuisson, mettre un bouillon végétal et un peu plus d'eau, si nécessaire.(1)

Sauce au yogourt

- 1 yogourt nature
- jus 1/4 d'un citron
- jus 1/4 d'une orange.

Accompagne très bien des fraises fraîches pour déjeuner.

---

(1) Les recettes qui précèdent sont extraites de Castonguay, Dr Laura, Menus et recettes de santé pour malades et personnes âgées, (Montréal: Éd. Celtiques, 1973).

Sauce au fromage bleu

- 100 g (3 1/2 oz) de fromage cottage à 2% de gras
- 40 g (1 1/2 oz) de Roquefort ou bleu danois (réduit en gras, si possible)
- moutarde en grains.

> *Bonne source de protéines devant être consommée avec toute salade verte.*

Sauce au tofu

- 130 g (4 1/2 oz) de tofu
- jus 1/4 d'un citron
- jus 1/4 d'une limette
- 5 ml (1 c. à thé) de sauce Tériyaki
- 5 ml (1 c. à thé) d'aneth.

> *Rendre le mélange homogène dans un malaxeur. Fait d'une assiette de crudités un repas complet.*

Salade au crabe

- 1 crabe bouilli
- 125 g (4 1/2 oz) de pois mange-tout
- 200 g (7 oz) de pointes d'asperges.

> *Servir les morceaux de crabes sur les légumes cuits légèrement (croustillants).*

Salade de fraises au yogourt

- 300 g (10 1/2 oz) de fraises
- 100 g (3 1/2 oz) de framboises
- 100 g (3 1/2 oz) de mûres
- 100 g (3 1/2 oz) de kiwis
- 1 yogourt nature.

> *Couper les fruits, mélanger et laisser reposer 1/2 heure pour que les saveurs se mélangent. Arroser le tout de yogourt avant de servir.*

Salade d'agrumes
- 1 orange
- 1 pamplemousse
- 1/2 ananas
- 1 kiwi
- 1/2 citron
- 1/4 limette
- 1 laitue.

> *Couper les fruits en morceaux et servir sur un lit de laitue. Pour en faire un repas complet, on peut l'accompagner de noix ou de fromage.*

Cuisiner en tenant compte des combinaisons alimentaires est un art différent de l'art culinaire ordinaire. Avec les nouvelles méthodes de cuisson et de préparation, fini le temps où il fallait huiler les casseroles pour qu'elles ne collent pas, graisser et saler les rôtis pour qu'ils aient meilleur goût et noyer nos aliments dans une sauce enrichie au beurre et épaissie à la farine. Heureusement cette nouvelle méthode, saine et naturelle encourage non seulement la perte de poids, mais favorise la digestion tout en permettant de sortir de table l'estomac léger.

Est-il nécessaire de rappeler qu'un aliment frais et non traité est plus riche en éléments nutritifs qu'un autre qui a été cuit au point d'être méconnaissable? Conserver les légumes au frais ou les acheter et les préparer juste avant leur consommation, si c'est possible, est fortement recommandé. Les fruits et légumes qui traînent à l'air libre pendant des heures se gâtent, perdent vitamines et sels minéraux et voient leur goût s'altérer. Il vaut mieux les laver immédiatement, les laisser entiers (spécialement les salades) et les réfrigérer.

La cuisson à la vapeur dans une marguerite ou dans un *couscoussier* en bambou de style japonais, est sans contredit la meilleure façon de cuire les légumes. On évite ainsi les pertes de vitamines et de sels minéraux dans l'eau de cuisson. Si, toutefois, vous devez les faire cuire dans l'eau, vous pouvez toujours utiliser celle-ci par la suite pour faire vos sauces. **Pour être nutritifs, les légumes ne doivent jamais être trop cuits**. Pour qu'ils demeurent *vivants* ils doivent être *al dente,* c'est-à-dire croquants et colorés.

Brossez les petits farineux tels que pommes de terre, navets, carottes, betteraves, ainsi que concombres, courges ainsi que tous les légumes à peau fine et comestible. Il faut éviter d'éplucher ces légumes, car les vitamines et sels minéraux sont en majorité contenus dans, ou très près, de la peau.

Les fruits devraient, de préférence, être mangés crus si on veut qu'ils conservent toute leur valeur nutritive. La cuisson durcit les protéines et les rend plus indigestes. Les enzymes responsables de la digestion des fruits et des légumes se dénaturent rapidement et deviennent pratiquement inactifs si on les chauffe trop; avec pour résultat qu'ils sont plus difficiles à digérer. Certains légumes, toutefois, peuvent être cuits moyennement sans perdre trop de leur richesse. On peut faire griller, sauter (sans gras) ou rôtir tomates, poivrons (piments verts), oignons, céleri, aubergines, courgettes, poireaux, etc.

Les méthodes de cuisson

Les fritures à l'huile et au beurre sont hypercaloriques, hautement indigestes et devraient être bannies de toute "saine" alimentation. Elles retardent les sécrétions gastriques et ce sont elles qui prennent le plus de temps pour être digérées. Au lieu de consommer vos oeufs frits, essayez-les donc pochés ou à la coque: le fait de faire frire un œuf augmente sa valeur calorifique d'au moins 250 calories.

La cuisson à la vapeur dans un bain-marie, un couscoussier ou une marguerite est le mode de préparation le plus sain qui soit. Tout en conservant la saveur des aliments, elle leur permet de garder le maximum de vitamines et de sels minéraux. On peut aussi cuire les viandes et les poissons de cette manière, ce qui devient un bon procédé de dégraissage pour ces aliments puisque le gras fondu se disperse dans l'eau.

Les bons rôtis se font au four ou à la broche. Un rôti, pour être tendre, doit être saisi. Pour cela, il faut toujours faire préchauffer le four. Pour éviter qu'il ne brûle, il n'est pas nécessaire de le beurrer ou de l'huiler — ce qui ajoute des calories. L'arroser d'eau de temps en temps ou quand la dorure est à point ou le recouvrir de papier aluminium est suffisant. Bien sûr, il n'aura peut-être pas ce petit goût raffiné de beurre, mais rappelez-vous que votre palais a besoin d'être rééduqué si vous voulez demeurer mince.

Les meilleures grillades que l'on puisse manger sont celles faites sur feu de bois. Cela n'étant toutefois pas toujours possible, les briquettes de charbon de bois feront aussi l'affaire. Mais attention, ce genre de cuisson peut irriter l'estomac et on doit restreindre son utilisation à trois fois par semaine. Les fours électriques, les fours à gaz ou les poêles *Tefal* anti-adhésives sont aussi efficaces pour griller les viandes. Ces aliments contiennent suffisamment de gras, il n'est pas nécessaire de les huiler avant de les faire griller. Les légumes même peuvent être grillés. Quoi de meilleur qu'une bonne brochette de filet mignon avec des morceaux d'oignons et de poivrons (piments verts), servie avec une copieuse salade de crudités?

La cuisine bouillie ou pochée, quoique préférable de beaucoup à la friture, demeure un mode de cuisson terne qui peut cependant être rehaussé par l'addition de fines herbes et d'épices. Cette façon de faire facilite la perte de poids en ce qui a trait aux viandes et au poisson, mais ne présente que peu d'intérêt pour les légumes.

Pour les amateurs de champignons sautés au beurre, la cuisson *sautée* sans matière grasse apparaît comme le plus grand des non-sens. Pourtant, elle offre beaucoup à qui sait s'y prendre.

Voici donc une méthode facile pour vous permettre d'effectuer ce genre de cuisson : — mettre la viande ou le poisson à sec dans la poêle et commencer lentement à les faire dorer. En chauffant, ils cèdent leur gras et selon la quantité cédée, on peut même y faire sauter des légumes. Pour les plats de légumes seuls, il suffit d'ajouter un peu d'eau et de jus de citron, en prenant soin de les humecter régulièrement pour éviter qu'ils ne brûlent.

Quelques substitutions

Pour les personnes qui sont allergiques à certains aliments ou qui tout simplement voudraient avoir des choix et éviter les produits nocifs ou engraissants.

- Le yogourt remplace très bien la crème dans certains plats. Cette substitution améliore aussi les sauces qui deviennent ainsi moins riches, mais tout aussi délicieuses.

- La margarine peut remplacer le beurre dans à peu près n'importe quel plat. Étant un gras polyinsaturé, elle est même recommandée pour aider à dissoudre les dépôts de cholestérol dans le sang.

- La cuisson à sec ou à la vapeur favorise la perte de poids, allège la tâche du foie et remplace l'huile de cuisson.

- Les jus de légumes épaissis par évaporation prennent facilement la place des sauces farineuses.

- Le tofu est pour les Végétariens l'aliment par excellence car il fournit les protéines complètes qu'on retrouve habituellement dans les viandes.

- Le lait écrémé devrait être préféré au lait homogénéisé.

- Les purées de légumes peuvent très bien servir de substitut à la farine pour épaissir les sauces.

- Le pain à grain entier doit être consommé à la place du pain blanc.

- La caroube ne contient que la moitié des calories du chocolat, ne renferme aucune caféine et elle est aussi délicieuse au goût que le chocolat à qui elle ressemble d'ailleurs à s'y méprendre.

- Pour les gens nerveux, le café décaféiné ou à base de céréales et de chicorée est tout indiqué.

- L'aspertame, substance au goût sucré, résultant de la combinaison de deux acides aminés est maintenant très employé comme substitut de sucre.

- Les tisanes et eaux minérales devraient devenir les boissons exclusives à toute personne soucieuse de son régime. Mieux vaut s'y habituer tout de suite que d'entretenir *le goût du sucré* avec des boissons diététiques.

Comment garnir son garde-manger

Aliments indispensables à avoir à la portée de la main. (Vous les trouverez très pratiques en cas de fringale ou comme éléments de base de votre alimentation).

Au réfrigérateur

- Œufs frais (de préférence *organiques*)

- Fromages maigres

- Margarine végétale (polyinsaturée)

- Poulet nourri aux grains

- Poissons blancs (moins gras): turbot, aiglefin, morue, sole, crevettes, crabe, homard, langoustines

- Boeuf maigre (rosbif, steak).

- Veau.

- Légumes frais: haricots verts, courgettes, endives, aubergines, brocoli, chou-fleur, céleri, échalotes, artichauts, champignons, olives noires, cœurs de palmiers, laitue, carottes, tomates, oignons, betteraves, choux de Bruxelles, etc.

- Fruits frais: oranges, pommes (variées), poires, mandarines, pêches, ananas, fraises (en saison), framboises (en saison), kiwis, etc.

Dans l'armoire

- Lait écrémé en poudre (cela dépanne toujours).

- Huile de maïs, d'olive, de tournesol.

- Vinaigre de cidre.

- Son de blé.

- Germe de blé.

- Protéines en poudre.

- Moutarde sèche.

- Caroube.

- Café décaféiné.

- Aspartame ou sucaryl en poudre.

- Eau minérale.

- Eau de source.

- Tisanes: dépurative, diurétique, laxative, digestive, calmante et sédative.

- Épices: cannelle, muscade, clous de girofle, poivre de cayenne, poivre noir, paprika, etc.

- Herbes et condiments: menthe, thym, fenouil, feuilles de laurier, anis, aneth, basilic, ail et oignons séchés, légumes séchés.

- Essences liquides: vanille, noix de coco, orange, amandes, citron, etc.

Dans la préparation de vos menus, utilisez un minimum de gras. Une bonne assiette devrait être constituée d'un tiers de protéine et de deux tiers de légumes crus ou cuits, de préférence les deux.

Mangez des crudités à chaque repas, en plus d'être une excellente source de vitamines et de sels minéraux, elles fournissent l'eau et les fibres nécessaires à une bonne élimination.

Prenez donc l'habitude de servir une copieuse salade en entrée et de continuer ensuite avec les légumes cuits et les protéines. Ne prenez **pas de pain avec votre repas protéiné,** et surtout **évitez les desserts en fin de repas:** tartes, gâteaux et sucreries. Comme il a déjà été dit plus haut, **les fruits ne devraient jamais être consommés au dessert,** mais plutôt comme un repas complet, en salade, ou en collation.

Ne mélangez pas plus de trois catégories d'aliments à un même repas, et dissociez-le plus possible. C'est là le secret d'une perte de poids ultra-rapide. Les légumes verts se combinent bien avec les protéines et devraient toujours accompagner la consommation des corps gras pour en faciliter la digestion. Toutefois, si vous désirez perdre très rapidement, faites un repas de protéines seules et un repas de légumes seuls. Cette dissociation totale ne devrait pas être entretenue trop longtemps, car cela pourrait développer des carences. Carences qu'on peut compenser temporairement par des suppléments de vitamines et de sels minéraux.

19. Choisir son type de menu

Dans les pages qui suivent, vous trouverez trois types différents de menu .

Les deux premiers s'adressent à une clientèle *pressée* de voir des résultats. Ils sont donc très stricts. Le premier est axé sur le végétarisme et le deuxième sur une dissociation presque totale des aliments.

Le troisième s'adresse aux personnes qui ont très peu de poids à perdre et à ceux qui veulent stabiliser leur poids. Ces trois types de menu couvrent une période d'un mois. Les deux premiers ne devraient pas être suivis plus de deux mois. Quant au troisième, on peut l'adopter comme une habitude alimentaire quotidienne.

À vous de choisir celui que vous préférez ou plutôt celui que vous pourrez suivre le plus fidèlement, selon votre mode de vie.

Menu pour une perte de poids rapide (végétarisme)

- Dans le menu, toutes les salades sont constituées de crudités et on peut y inclure à peu près tous les légumes qui se mangent crus.

- Évitez d'arroser trop généreusement avec de la vinaigrette ou, mieux encore, n'en utilisez pas du tout.

- Les déjeuners de fruits et les repas de légumes légers peuvent être suivis d'une tisane ou d'un café décaféiné sans lait ni sucre, mais qui doivent être bus une demi-heure au moins après le repas pour ne pas stopper la digestion.

- Les déjeuners de fruits et le grand nombre de salades crues inclus dans ce menu ont pour but de faciliter l'élimination et de favoriser, ainsi, une perte de poids plus rapide.

- Une fois la perte de poids déclenchée, vous pouvez ajouter au repas de midi et du soir des céréales complètes (riz, pain, etc.) et un corps gras: huiles vierges, beurre doux (non salé) ou margarine.

- Les noix, sous toutes leurs formes, sont très riches en matières grasses, ce qui en fait un des aliments les plus calorifiques qui soit. Si on les consomme en salade et surtout comme collation, il faut faire attention aux quantités: une bonne poignée de graines mélangées peut facilement atteindre 1000 calories.

- Pour éviter les carences de protéines, prendre soin d'inclure dans ces menus une protéine complète par jour. Les produits laitiers, les œufs ou le tofu feront très bien l'affaire.

LUNDI

Déjeuner
Cerises Bing,
pêches, abricots

Dîner
Salade, asperges cuites,
maïs frais, navets cuits

Souper
Salade, patate cuite,
brocoli, noix

MARDI

Déjeuner
Pastèques à
volonté

Dîner
Salade de crudités, pois
mange-tout cuits, pommes
de terre au four
asperges cuites,
avocat

Souper
Salade verte (piment
rouge, brocoli,
oignons, radis)

MERCREDI

Déjeuner
Pamplemousse
fraises

Dîner
Salade verte, navets et
patates à la vapeur,
haricots verts au four

Souper
Salade, aubergine et
oignons cuits à la
vapeur, maïs frais,
noix mélangées.

JEUDI

Déjeuner
Cantaloupe
melon au miel

Dîner
Salade verte (concombre,
champignons, échalotes)
chou-fleur, oeufs,
asperges et patates cuites

Souper
Salade variée avec
olives noires, choux
de Bruxelles et
courges cuites,
fromage Roquefort

VENDREDI

Déjeuner
Bananes,
cerises

Dîner
Salade à l'artichaut,
épinards et carottes au
persil (cuites)

Souper
Salade aux amandes,
oignons, navet et
patates cuits

SAMEDI

Déjeuner
Oranges et
kiwis à volonté

Dîner
Salade de fruits (pêches,
cerises, pommes, mangue)
fromage cottage (2%)

Souper
Salade verte avec
avocat cru

DIMANCHE

Déjeuner
Dattes et
raisins secs

Dîner
Salade, épinards, asperges
cuits, avec graines de
tournesol

Souper
Cerises, mangues,
pêches, fromage de
chèvre

LUNDI

Déjeuner
Oranges et
citrons

Dîner
Salade aux œufs, patate
au four et brocoli cuit

Souper
Salade aux arachides,
haricots et fines herbes

MARDI

Déjeuner
Pêches, prunes,
figues fraîches

Dîner
Salade à l'avocat, chou
vert et carottes cuites

Souper
Salade aux noix du
Brésil, aubergine et
épinards à la vapeur

MERCREDI

Déjeuner
Pastèques

Dîner
Salade de fruits acides:
oranges, kiwis, fraises,
citrons, mandarines,
fromage cottage

Souper
Salade aux olives noi-
res, fromage Feta, pois
mange-tout, oignons,
poivrons à la vapeur

JEUDI

Déjeuner
Mangues,
prunes,
pêches

Dîner
Salade aux pacanes,
carottes ou persil cuits
asperges, noix de coco

Souper
Salade, brocoli, chou
rouge et champignons
cuits à la vapeur
fromage Camembert

VENDREDI

Déjeuner
Cantaloup

Dîner
Salade de fruits mi-
acides (bananes, cerises,
mûres, nectarines, noix
mélangées

Souper
Salade aux pistaches,
choux de Bruxelles,
asperges, courgettes
cuits à la vapeur

SAMEDI

Déjeuner
Pamplemousse
et fraises

Dîner
Salade, aubergine
épinards et haricots
verts au four

Souper
Salade aux œufs,
patates et carottes
en purée avec oignons

DIMANCHE

Déjeuner
Pastèque à volonté

Dîner
Salade aux noix d'acajou, asperges, chou vert et brocoli cuits, herbes.

Souper
Fruits acides (kiwis, ananas, fraises, etc.)
Fromage bleu

LUNDI

Déjeuner
Poires, prunes, pommes

Dîner
Salade saupoudrée de germes de blé, asperges, chou rouge, pois mange-tout cuits à la vapeur

Souper
Salade, épinards, brocoli, chou-fleur cuits, lentilles.

MARDI

Déjeuner
Figues et dattes séchées, pêches

Dîner
Salade, aubergine, oignons, zucchini gratinés au mozzarella (au lait écrémé)

Souper
Salade à l'avocat, champignons, brocoli, pomme de terre au four

MERCREDI

Déjeuner
Pruneaux, raisins

Dîner
Salade aux graines de soya, brocoli, oignons, poivrons sautés à sec, noix de coco

Souper
Salade aux oeufs, betteraves, carottes ou persil cuits

JEUDI

Déjeuner
Oranges et kiwis

Dîner
Assiette de crudités: brocoli, carottes, champi-gnons, poivrons, échalo-tes, sauce au yogourt

Souper
Salade aux noix d'acajou, betteraves, asperges, épinards

VENDREDI

Déjeuner
Fraises et pamplemousse

Dîner
Salade, brocoli, épinards chou vert, graines de tournesol

Souper
Salade aux noix mélangées, endives, céleri, champignons

SAMEDI

Déjeuner
Ananas et fraises

Dîner
Poires, dattes, figues et noix

Souper
Salade, courge spa-ghetti, oignons, zucchi-ni, gratinés au cheddar

DIMANCHE

Déjeuner
Pruneaux,
groseilles

Dîner
Asperges, chou-fleur,
concombre, échalotes sur
un lit de salade arrosé
de noix

Souper
Salade de chou,
patates au four,
sauce au fromage
fondu

LUNDI

Déjeuner
Raisins, poires,
dattes

Dîner
Salade aux épinards, chou-
fleur, courge au four,
oeufs durs

Souper
Salade, maïs frais,
carottes, graines de
tournesol

MARDI

Déjeuner
Fraises et
framboises

Dîner
Salade avec olives noires
et fromage Feta, asperges
et chou cuits.

Souper
Salade aux épinards,
lentilles et brocoli

MERCREDI

Déjeuner
Pommes, poires

Dîner
Salade d'avocat, carottes,
petits pois, pommes de
terre au four

Souper
Salade, riz brun,
haricots verts et
asperges cuits à la
vapeur

JEUDI

Déjeuner
Melon au miel

Dîner
Salade aux épinards,
betteraves, asperges,
sauce au fromage (2%)

Souper
Salade aux noix,
courge jaune (cuite)

VENDREDI

Déjeuner
Raisins et dattes

Dîner
Salade, haricots verts,
maïs frais, pain
complet

Souper
Salade, chou vert
concombre, tomate,
oignons, noix du Brésil

SAMEDI

Déjeuner
Pastèques
à volonté

Dîner
Salade, petit pois,
brocoli, olives, oeuf
dur

Souper
Salade aux épinards,
asperges, sauce à
l'avocat, noix de coco

DIMANCHE

Déjeuner
Pamplemousse
fraises, cerises

Dîner
Salade au chou, lentilles,
betteraves

Souper
Salade de fruits
acides: mangues,
oranges, fraises,
cerises, etc.,
fromage cottage

Menu amaigrissant ultra-rapide
(Dissociation alimentaire presque totale)

- Dans ce menu, les collations sont prévues seulement pour les cas de *fringale*. Il serait préférable, si possible, de s'abstenir de toute collation entre les repas.

- Lorsque la perte de poids a commencé, vous pouvez rajouter des œufs, du pain de soya (croissants au blé entier) ou des céréales en alternance avec les fruits.

- Un café décaféiné (sans sucre ni lait) ou une tisane peut être pris, mais seulement 30 minutes après le déjeuner de fruits.

- Un café décaféiné, une tisane calmante ou un verre de lait écrémé (pour ceux qui le supportent) peut être aussi pris en collation trois heures après le souper.

- Tous les aliments, constituant chaque repas, décrits dans ces menus peuvent être consommés à volonté, c'est-à-dire jusqu'à satiété.

LUNDI

Déjeuner	Collation	Dîner	Collation	Souper
Jus de pamplemousse	Céleri et fromage	Salade verte, noix	Concombre	Poulet à volonté sans peau maïs

MARDI

Déjeuner	Collation	Dîner	Collation	Souper
Œuf dur	Pommes à volonté	Salade, aubergines, asperges cuits	Melons	Poisson à la vapeur, cœurs de palmier.

MERCREDI

Déjeuner	Collation	Dîner	Collation	Souper
Fraises, kiwis	Yogourt nature	patates et poireaux cuits au four	Cerises	Steak sur gril asperges

JEUDI

Déjeuner	Collation	Dîner	Collation	Souper
Yogourt	Dattes et raisins secs	Salade à l'échalote	Fromage, céleri	Veau, au four salade

VENDREDI

Déjeuner	Collation	Dîner	Collation	Souper
Poires à volonté	Noix	Salade aux épinards	Carottes crues	Homard, maïs frais

SAMEDI

Déjeuner	Collation	Dîner	Collation	Souper
Œufs pochés	Melons	Salade de crudités	Céleri	Poulet rôti concombre

DIMANCHE

Déjeuner	Collation	Dîner	Collation	Souper
Ananas, pommes	Fromage céleri	Lentilles à volonté	Pommes	Salade au thon

LUNDI

Déjeuner	Collation	Dîner	Collation	Souper
Dattes, pruneaux	Œuf dur, concombre	Salade de fruits acides	Carottes	Steak grillé asperges

MARDI

Déjeuner	Collation	Dîner	Collation	Souper
Jus d'oranges	Yogourt nature	Salade aux épinards	Noix, céleri	Truite à la vapeur, pois verts

MERCREDI

Déjeuner	Collation	Dîner	Collation	Souper
Cerises, pommes	Fromage, céleri	Crudités	Yogourt	Poulet rôti à volonté, chou cru

JEUDI

Déjeuner	Collation	Dîner	Collation	Souper
Kiwis, orange	Olives noires,	Salade, tomates céleri	Fromage et cresson concombres	Aiglefin, asperges

VENDREDI

Déjeuner	Collation	Dîner	Collation	Soupe
Melons à volonté	Œuf dur concombre	Salade verte	Pommes	Rôti de bœuf choux de Bruxelles

SAMEDI

Déjeuner	Collation	Dîner	Collation	Souper
Poires à volonté	Jus de carottes	Salade aux patates	Yogourt nature	Crevettes et champignons cuits

DIMANCHE

Déjeuner	Collation	Dîner	Collation	Souper
Pamplemousse	Lait écrémé	Salade	Noix	Jambon maigre maïs frais

LUNDI

Déjeuner	Collation	Dîner	Collation	Souper
Cerises	Fromage, céleri	Salade de fruits mi-acides	Carottes et concombres	Thon blanc, asperges

MARDI

Déjeuner	Collation	Dîner	Collation	Souper
Melons	Beurre d'arachides	Salade aux épinards	Yogourt nature	Dinde (viande blanche), carottes

MERCREDI

Déjeuner	Collation	Dîner	Collation	Souper
Poires à volonté	Yogourt nature	Salade aux olives noires	Pommes	Hareng fumé, pois verts

JEUDI

Déjeuner	Collation	Dîner	Collation	Souper
Ananas, cerises	Noix, concombres	Salade aux endives	Rhubarbe	Steak avec asperges

VENDREDI

Déjeuner	Collation	Dîner	Collation	Souper
Jus d'oranges et pêches	Lait écrémé	Crudités	Noix de coco	Lentilles, salade verte

SAMEDI

Déjeuner	Collation	Dîner	Collation	Souper
Dattes et raisins secs	Fromage et céleri	Patates et oignons au four	Jus de légumes	Steak et asperges

DIMANCHE

Déjeuner	Collation	Dîner	Collation	Souper
Pample mousse et fraises	Fromage et céleri	Salade verte au brocoli	Noix de coco	Thon blanc, betteraves

LUNDI

Déjeuner	Collation	Dîner	Collation	Souper
Kiwis groseilles	Lait écrémé	Salade aux champignons	Noix et céleri	Poulet rôti salade au chou cru

MARDI

Déjeuner	Collation	Dîner	Collation	Souper
Poires à volonté	Pistaches	Salade de crudités	Yogourt nature	Aiglefin poché, pols verts

MERCREDI

Déjeuner	Collation	Dîner	Collation	Souper
Bleuets	Beurre d'arachides	Salade aux tomates	Céleri et fromage	Lentilles et concombres

JEUDI

Déjeuner	Collation	Dîner	Collation	Souper
Pêches	Œuf dur	Salade aux fruits acides	Noix	Steak et asperges

VENDREDI

Déjeuner	Collation	Dîner	Collation	Souper
Dattes et raisins secs	Fromage et céleri	Salade aux épinards	Noix de coco	Veau et carottes cuits

SAMEDI

Déjeuner	Collation	Dîner	Collation	Souper
Pample-mousse	Yogourt nature	Asslette de crudités	Carottes crues	Homard , salade verte

DIMANCHE

Déjeuner	Collation	Dîner	Collation	Souper
Poires à volonté	Noix	Salade d'olives noires	Jus de légumes	Rôti de bœuf, asperges

Menu pour le maintien du poids idéal

Le menu qui suit peut servir d'exemple, vous pouvez en tout temps remplacer n'importe quel plat par un autre pris dans les recettes, les cocktails et les laits décrits au chapitre *Quelques Recettes*.

Certaines combinaisons peuvent être tolérées, mais en aucun cas il ne faut mélanger le pain ou les pâtes avec les aliments fortements protéinés tels que fromages, viandes, poissons ou volailles.

LUNDI

Déjeuner	Dîner	Souper
Fraises avec yogourt nature	Salade de chou, carottes braisées, rôti de bœuf	Salade verte, omelette aux herbes asperges

MARDI

Déjeuner	Dîner	Souper
Croissants de blé entier et beurre	Salade verte aux pétoncles avec mayonnaise nature	Salade, poulet rôti sans peau, maïs frais, noix de coco

MERCREDI

Déjeuner	Dîner	Souper
Raisins et pommes	Spaghetti avec oignons ail et champignons sautés	Salade aux betteraves et oignons saupoudrée de fromage râpé

JEUDI

Déjeuner	Dîner	Souper
Beurre d'arachides et galette de riz	Salade verte, asperges gratinées	Homard froid, concombres, tomates et mayonnaise

VENDREDI

Déjeuner	Dîner	Souper
Bleuets, mûres, fromage cottage	Salade de légumes verts, truite au four, asperges	Salade aux œufs, pois verts

SAMEDI

Déjeuner
Céréales genre granola sèche

Dîner
Salade de fruits acides et fromage

Souper
Salade, rôti de bœuf au jus de carottes, asperges

DIMANCHE

Déjeuner
Jus d'orange et pamplemousse, poires et abricots frais

Dîner
Jus de légumes (sans tomates), poulet (chapon) bouilli, concombres, céleri

Souper
Salade verte, patate au four gratinée (mozzarella 2%) asperges, épinards

LUNDI

Déjeuner
Jus de cerises et de pommes, purée d'amandes

Dîner
Salade à l'avocat avec maïs frais

Souper
Omelette aux champignons, aubergines piments cuits

MARDI

Déjeuner
Fraises, framboises, crème fouettée (non sucrée)

Dîner
Salade verte, grillade de veau, purée de navets et carottes

Souper
Poulet rôti, salade au chou, patates au four

MERCREDI

Déjeuner
Muffin naturiste et beurre

Dîner
Jus de légumes, filet d'aiglefin poché avec aromates, salade de chou rouge

Souper
Salade aux olives noires, viandes froides: poulet ou bœuf, blé d'Inde en grains

JEUDI

Déjeuner
Oranges et pamplemousses 1 verre de lait écrémé ou 2%

Dîner
Salade de fruits frais, fromage Brie ou Camembert sur laitue romaine

Souper
Salade verte, spaghettis blanc avec oignons et ail sautés, poireaux à la Bruxelloise (voir recette)

VENDREDI

Déjeuner
Croissant au blé entier et beurre

Dîner
Salade, millet aux champignons (voir recette)

Souper
Jus de carottes, brocoli, oignons et courgettes gratinées au cheddar (2%), ciboulette et olives noires

SAMEDI

Déjeuner
Melons à volonté

Dîner
Salade aux oeufs et mayonnaise naturiste

Souper
Saumon poché, asperges

DIMANCHE

Déjeuner
Cocktail mous- seux (voir recette)

Dîner
Salade, agneau grillé choux de Bruxelles

Souper
Jus de légumes (sans tomates), aubergines et cour- ges gratinées, noix de coco

LUNDI

Déjeuner
Céréales granola sèches

Dîner
Salade au saumon

Souper
Salade verte, lentilles au four (voir recette), concombres.

MARDI

Déjeuner
Fraises et kiwis avec crème fouettée non sucrée

Dîner
Salade, riz brun avec oignons et champi- gnons cuits à la vapeur

Souper
Crudités avec sauce au tofu (voir recette), noix de coco

MERCREDI

Déjeuner
Muffin au caroube

Dîner
Salade, courges, oignons et piments gratinés au cheddar 2%

Souper
Salade, steak grillé, asperges

JEUDI

Déjeuner
Pamplemousse
et fraises avec
fromage 2%

Dîner
Salade à l'artichaut et
olives noires, pain
blé entier

Souper
Salade, brochette
de filet mignon
grillé avec oignons
et poivrons

VENDREDI

Déjeuner
Figues, dattes,
pommes

Dîner
Salade verte, aiglefin
poché, asperges et
épinards à la vapeur

Souper
Salade verte, ome-
lette aux fines
herbes, pois verts
et carottes cuits

SAMEDI

Déjeuner
Croissants blé
entier et
beurre

Dîner
Salade aux sardines

Souper
Salade verte,
homard froid, chou-
fleur cuit

DIMANCHE

Déjeuner
Jus de légumes
(sans tomates),
fromage cottage
(2%)

Dîner
Salade, rôti de boeuf
au jus, navet,
carottes

Souper
Salade, courge spa-
ghetti gratinée au
mozzarella 2%,
poireaux, poivrons,
champignons sautés

LUNDI

Déjeuner
Muffin aux
bleuets

Dîner
Salade de fruits acides,
yogourt nature

Souper
Salade, poulet rôti
(sans peau), maïs frais

MARDI

Déjeuner
Fraises et kiwis,
yogourt nature

Dîner
Salade aux noix,
galette de riz

Souper
Pétoncles et crevettes
pochés, pois mange-
tout et épinards
cuits à la vapeur

MERCREDI

Déjeuner
Boisson
savoureuse
(voir recette)

Dîner
Salade aux olives
noires et fromage
Feta

Souper
Salade, saucisson
polonais bouilli,
choucroute, moutarde

JEUDI

Déjeuner
Pamplemousse
et cerises

Dîner
Salade, steak de
saumon grillé, purée
de navets

Souper
Jus de légumes
(sans tomates), riz
brun aux légumes,
haricots verts

VENDREDI

Déjeuner
Rôties de blé
entier, beurre

Dîner
Salade de fruits,
fromage Brie

Souper
Salade verte, thon
blanc poché, asper-
ges, champignons
cuits

SAMEDI

Déjeuner
Lait d'ananas
aux amandes

Dîner
Salade verte,
moules bouillies

Souper
Aubergines grati-
nées au cheddar (2%)

DIMANCHE

Déjeuner
Croissants au
blé entier,
beurre

Dîner
Salade, omelette aux
herbes, asperges

Souper
Salade verte, rôti
de bœuf au jus,
choux de Bruxelles.

20. Annexes

Les bonnes combinaisons alimentaires

Table du poids idéal

Dépenses calorifiques en fonction des activités

Table d'équivalence: poids et mesures

Doses journalières minimales d'éléments nutritifs requis

Les bonnes combinaisons alimentaires

Aliments	S'accordent avec	Ne s'accordent pas avec
Fruits mi-acides	Lait caillé (yogourt) Fruits acides Fruits doux	Farineux: pain, patates, Protéines
Fruits acides	Fruits acides Noix (passable) Fromage (passable)	Sucres, Farineux, Protéines (sauf noix) Fruits doux
Légumes verts	Protéines Farineux Fruits acides (passable)	Lait
Farineux	Tous les légumes verts Gras	Protéines complètes, Fruits acides ou doux
Viandes de toutes sortes	Légumes verts	Lait, Farineux, Sucres, autres Protéines, Fruits, Gras
Noix	Légumes verts Fruits acides (passable)	Lait, Farineux, Sucres, autres Protéines, Gras

Aliments	S'accordent avec	Ne s'accordent pas avec
Œufs	Légumes verts	Lait, Farineux, Sucres, Gras, autres Protéines, Aliments acides
Lait	Se prend seul Fruits acides (passable)	Toutes les protéines, Farineux, Légumes verts
Gras: beurre crème, huiles, margarine	Tous les farineux et Légumes verts	Toutes les protéines
Melons	Seuls Fruits acides (passable)	Tout autre aliment
Céréales: graines	Légumes verts	Fruits acides, Sucres, Lait, autres Protéines
Fromage	Légumes verts Fruits acides (passable)	Farineux, Sucres, autres Protéines, Gras
Légumineuses	Légumes verts	Protéines complètes, Sucres, Lait, Fruits, Gras

RÉCAPITULATION GÉNÉRALE

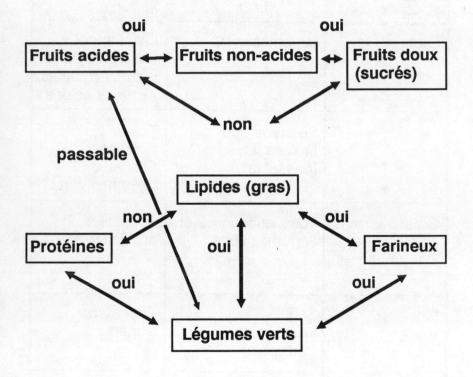

Melons (seuls)   →   Fruits acides (passable)

Noix, Lait, Yogourt, Fromages   →   Fruits acides
(passable)

Sucres (seuls)

● **Les repas de fruits.**

Ils se digèrent rapidement, c'est pourquoi ils sont incompatibles avec les farineux et les protéines.

● **Les fruits mi-acides avec les fruits acides ou les fruits doux (sucrés).**

● **Ne pas combiner les fruits acides avec les fruits doux.**

Les fruits doux sont très concentrés et requièrent donc une digestion beaucoup plus lente que les fruits acides.

● **Manger les melons seuls.**

Ces fruits neutres et aqueux se digèrent mieux s'ils sont mangés seuls.

● **Légumes verts et farineux.**

Dans les salades qui accompagnent les farineux, il faut éviter les aliments acides tels que les tomates et le jus de citron. Les acides retardent la digestion en freinant l'action de la ptyaline (enzyme digestive des amidons).

● **Un féculent à la fois.**

Évitez de manger, dans un même repas, pain et riz, pain et pâtes alimentaires, etc.

● **Légumes verts et protéines.**

Il est préférable d'accompagner les protéines d'hydrates de carbone (crudités) pour faciliter la digestion. Cela s'applique surtout aux protéines grasses telles que noix et fromages.

● **Une protéine par repas.**

Chaque protéine nécessite un enzyme et un laps de temps particuliers pour pouvoir être digérée. Il est donc conseillé de n'en consommer qu'une seule à la fois, par repas.

● **Les protéines ne s'accordent pas avec les farineux et les gras.**

Le milieu acide est propice à la digestion des protéines, tandis que le milieu alcalin favorise, lui, la digestion des farineux. Les gras retardant la désintégration des protéines, il est important de ne pas combiner ces deux sortes d'aliments.

● **Quoi et quand boire?**

Il faut boire de l'eau seulement quand on a vraiment soif, et de préférence de l'eau de source pure et fraîche, 15 minutes au moins avant les repas, 30 minutes après si c'est un repas de fruits et 1 à 2 heures après s'il s'agit d'un repas composé de protéines ou de farineux.

● **Les condiments.**

Les assaisonnements tels que: ail, sel, poivre, piments forts, poivre de cayenne, etc. irritent les muqueuses de l'estomac. Il est donc préférable de les utiliser avec grande modération ou de ne pas les utiliser du tout.

● **Les sucres.**

La mélasse, le sucre brun ou blanc, le sirop d'érable, les confitures et les desserts présentent un haut taux de calories dites "vides" parce qu'elles n'ont aucune valeur nutritive. Ils font engraisser et sont donc à éliminer de l'alimentation si l'on veut devenir mince.

Table du poids idéal

Poids idéal pour les hommes de 25 ans et plus(1)

Taille	Ossature petite	Ossature moyenne	Ossature large
cm	kg	kg	kg
155	48	53	58
157	49	54	60
160	50	56	62
162	51	57	63
165	53	59	65
167	54	61	67
170	56	63	69
172	58	64	71
175	59	66	73
177	62	68	75
180	63	70	78
183	65	73	79
186	67	74	82
188	69	77	84
191	71	79	87

Pour obtenir les mesures en pouces: diviser par 30
Pour obtenir les mesures en livres: multiplier par 2.2

(1) Nutrition Almanach, p.236.

Poids idéal pour les femmes de 25 ans et plus(1)

Taille	Ossature petite	Ossature moyenne	Ossature grosse
cm	kg	kg	kg
142	39	44	48
145	40	45	50
147	42	46	51
150	43	48	53
152	44	49	54
155	45	50	55
157	47	52	57
160	48	54	59
162	50	56	62
165	51	58	63
167	53	60	65
170	56	62	67
172	57	63	69
175	58	65	71
177	60	67	73

Pour obtenir les mesures en pouces: diviser par 30
Pour obtenir les mesures en livres: multiplier par 2.2

Voici une façon simple et relativement juste de calculer votre poids idéal:

Femmes: 100 livres de base + 5 livres par pouce au-dessus de 5'.
Exemple: une femme de 5'5": 100 lbs + (5 x 5) 25 = 125 lbs

Hommes: 105 livres de base + 6 livres par pouce au-dessus de 5'.
Exemple: une homme de 5'10": 105 lbs + (10 x 6) 60 = 165 lbs

---

(1) Nutrition Almanach, p.236.

Dépenses calorifiques en fonction des activités

Bien que la méthode naturelle de perte de poids décrite dans cet ouvrage ne tienne pas vraiment compte des calories, il est toutefois intéressant d'avoir quelques notions de base sur la valeur énergétique des aliments.

Rythme métabolique (niveau d'activité)	Hommes	Femmes
Sédentaire	16 cal./livre	14 cal./livre
Moyennement actif	21 cal./livre	18 cal./livre
Très actif	26 cal./livre	22 cal./livre

Les activités dites *sédentaires* recouvrent les occupations qui demandent de rester assis presque toute la journée: travail de secrétariat, études, etc.

Les activités dites *moyennes* regroupent la marche, le jardinage, le travail de la maison, etc.

Les activités dites *très actives* incluent la danse, le patinage, le travail de construction, etc.

Un homme modérément actif pesant 80 kg requiert environ 3760 calories par jour. Cette approximation est obtenue en multipliant le poids, en kg, par 47 calories. Elle ne tient compte ni de la grosseur ni la grandeur, ce qui fausse un peu le résultat.

Dépenses calorifiques et activités

Le tableau qui suit indique, à peu près, le nombre de calories brûlées pour une demi-heure d'activités.

	Femme de taille moyenne	Homme de taille moyenne
Aviron (actif)	300/400	400/500
Bicyclette (actif)	200/250	280/350
Bowling	80/150	100/170
Bricolage	120/130	140/180
Travail de bureau	70/140	90/135
Conduire sa voiture	50/65	60/75
Course à pied	200/350	250/400
Dactylographie	80/100	90/110
Danse sociale	100/130	130/170
Danse disco	200/400	250/500
Équitation	140/200	160/250
Écriture	25/80	30/100
Football	250/400	300/500
Golf	100/140	130/170
Gymnastique douce	140/170	180/220
Jouer au ping pong	150/180	200/250
Jardinage	120/150	140/190
Jouer du piano	90/130	110/150
Marche	80/100	90/120
Nage	200/350	250/400
Patinage	200/300	250/350
Repasser du linge	60/90	70/90
Scier du bois	250/350	300/450
Ski alpin	200/300	300/350
Squash	180/300	250/450
Tennis (racquetball)	180/300	250/350
Violon (jouer)	70/120	90/150
Volleyball	180/250	220/350

Table d'équivalence: Poids et mesures

Poids:

1 microgramme	= 1/1 000 000 gramme
1 000 microgrammes	= 1 milligramme
1 milligramme	= 1/1 000 gramme
1 000 milligrammes	= 1 gramme
1 once	= 28,35 grammes
3,57 onces	= 100 grammes
0,25 livre	= 113 grammes
0,50 livre	= 227 grammes
1 livre	= 16 onces
1 livre	= 453 grammes

Mesures de capacité:

1 pinte	= 5 tasses
1 chopine	= 2 1/2 tasses
1 demiard	= 1 1/4 tasse
1 tasse	= 8 onces fluides
1 tasse	= 16 cuillerées à table
2 cuil. à table	= 1 once fluide
1 cuil. à table	= 1/2 once fluide
1 cuil. à table	= 3 cuil. à thé

Équivalents approximatifs:

1 portion moyenne	= environ 4 onces
1 once liquide	= environ 28 grammes

1 tasse liquide:

huile à cuisson	= environ 200 grammes
eau	= environ 220 grammes
lait-soupe	= environ 240 grammes
sirop-miel	= environ 325 grammes

1 tasse solide:

céréales (flocons)	= environ 50 grammes
farine	= environ 100 grammes
sucres	= environ 200 grammes

1 c. à table liquide:

huile à cuire	= environ 14 grammes
lait, eau	= environ 15 grammes
sirop, miel	= environ 20 grammes
1 c. à table solide:	= 1/6 once
farine	= 8 grammes
sucres	= 12 grammes
1 carré de beurre	= 1/2 cuillerée à table
1 c. à thé liquide	= environ 5 grammes
1 c. à thé solide	= environ 4 grammes
1 grain (céréales)	= environ 65 milligrammes
1 minime	= environ 1 goutte d'eau

Abréviations:

mcg (μg)	= microgramme
mg	= milligramme
g	= gramme
UI	= Unités internationales
RE	= Retonol
1 RE	= 5 unités internationales (UI)
1000 RE	= 5000 unités internationales
1 milligramme (mg)	= 1 unité internationale
5 microgrammes (μg)	= 0,002 unité internationale

Doses minimales d'éléments nutritifs requis

Ces doses journalières sont recommandées en fonction des besoins individuels de chaque être normal et en bonne santé qui est soumis à aucun stress environnemental particulier. Elles sont étudiées pour assurer le maintien d'une bonne nutrition. Les régimes devraient toujours être basés sur la "variété" de la nourriture consommée pour pouvoir fournir au corps les doses minimales requises et combler tous ses besoins.(1)

---

(1) Hamilton/Whitney, Understanding Nutrition, (St-Paul, Mlnn.: West Publishing Co., 1981), page frontispice.

Doses journalières minimales d'éléments nutritifs requis

	Bébés		Enfants			Hommes					Femmes				Grossesse	Allaitement
Âge (années)	0-0,5	0,5-1	1-3	4-6	7-10	11-14	15-18	19-22	23-50	51+	11-15	16-22	23-50	51+		
Poids (kg.)	6	9	13	20	28	45	66	70	70	70	46	55	55	55		
Poids (lbs.)	13	20	29	44	62	99	145	154	154	154	101	120	120	120		
Taille (cm.)	60	71	90	112	132	157	176	177	178	178	157	163	163	163		
Taille (po.)	24	28	35	44	52	62	69	70	70	70	62	64	64	64		
Protéines	kg x 2,2	kg x 2	23	30	34	45	56	56	56	56	46	44	44	44	+30	+20
Vit. A (RE)	420	400	400	500	700	1000	1000	1000	1000	1000	800	800	800	800	+200	+400
Vit. D (ug.)	10	10	10	10	10	10	10	7,5	5	5	10	7,5	5	5	+5	+5
Vit. E (mg.)	3	4	5	6	7	8	10	10	10	10	8	8	8	8	+2	+3
Vit. C (mg.)	35	35	45	45	45	50	60	60	60	60	50	60	60	60	+20	+40
Thiamine (B1) (mg.)	0,3	0,5	0,7	0,9	1,2	1,4	1,4	1,5	1,4	1,4	1,1	1,1	1	1	+0,4	+0,5
Riboflavine (B2) (mg.)	0,4	0,6	0,8	1	1,4	1,6	1,7	1,7	1,6	1,6	1,3	1,3	1,2	1,2	+0,3	+0,5
Niacine (B3) (mg.)	6	8	9	11	16	18	18	19	18	16	15	14	13	13	+2	+5
Vitamine B6 (mg.)	0,3	0,6	0,9	1,3	1,6	1,8	2	2,2	2,2	2,2	1,8	2	2	2	+0,6	+0,5
Acide folique (ug.)	30	45	100	200	300	400	400	400	400	400	400	400	400	400	+400	+100
Vitamine B12 (ug.)	0,5	1,5	2	2,5	3	3	3	3	3	3	3	3	3	3	+1	+1
Calcium (mg.)	360	540	800	800	800	1200	1200	800	800	800	1200	800	800	800	+400	+400
Phosphore (mg.)	240	360	800	800	800	1200	1200	800	800	800	1200	800	800	800	+400	+400
Magnésium (mg.)	50	70	150	200	250	350	400	350	350	350	300	300	300	300	+150	+150
Fer (mg.)	10	15	15	10	10	18	18	10	10	10	18	18	18	10	+5	+10
Zing (mg.)	3	5	10	10	10	15	15	15	15	15	15	15	15	15	+5	+10
Iodine (ug.)	40	50	70	90	120	150	150	150	150	150	150	150	150	150	+25	+50

BIBLIOGRAPHIE

Braun, J. Jay/**Linder, Darwyn** E. *Psychology Today.* New York: Éd. Random House, 1979.

Castonguay, Dr. Laura. *Menus et recettes de santé pour malades et personnes âgées.* Montréal: Éd. Celtiques, 1973.

Chelf Hudon, Vicki. *La grande cuisine végétarienne.* Montréal: Éd. Stanké, 1979.

Dextreit, Raymond. *La méthode harmoniste.* Paris: Éd. de la Revue "Vivre en harmonie", 1966.

Edde, Gérard. *Les couleurs pour votre santé.* St-Jean de Braye (France): Éd. Dangles, 1982.

Ferron, René. *Buvez, mangez, maigrissez.* Montréal: Éd. Ferron, inc., 1974.

LeCron, M. Leslie. *L'auto-hypnose.* Montréal: Éd. du Jour, 1973.

Lysebeth, André Van. *Pranayama, la dynamique du souffle.* Belgique: Éd. Flammarion, 1981.

Nutrition Search Inc. *Nutrition Almanach.* New York: Éd. McGraw-Hill Book Co., 1975.

Shelton, Herbert M. *Les combinaisons alimentaires et votre santé.* Paris: Éd. La nouvelle hygiène, 1968.

Shelton, Herbert M. *La voie hygiéniste.* Montréal: Éd. du Roseau, 1985.

Skawinska, Véronique/**Roussos** Demis . *Demis Roussos question de poids.* Paris: Éd. 13, 1982.

Turgeon, Louis. *Tout l'homme en santé.* Boucherville (Québec): Éd. de Mortagne, 1986.

Whitney Noss, Eleanor/**Hamilton Nunnelley,** Eva May. *Understanding Nutrition.* St-Paul, Minn.: Éd. West Publishing Co., 1981.

Zebroff, Karen. *Yoga and Nutrition.* Vancouver: Éd. Forbez Entreprises Ltd., 1974.

Que ce soit sur le plan du corps, du psychisme ou de l'âme, l'effort porte en soi sa récompense. Se nourrir selon ses besoins spécifiques à un moment donné, en plus de bâtir une solide santé, permet l'accès à une pensée supérieure qui, à son tour, accélère le pas du progrès spirituel.

Pierre H. Milot

Pour les personnes intéressées par le sujet traité dans cet ouvrage, l'auteur reçoit en consultation privée et organise des séminaires.

Pour tout renseignement veuillez appeler au:

(514) 228-3926

ou lui écrire au soin des Éditions de Mortagne. (Voir pour l'adresse à la page 6.)

Lithographié au Canada
sur les presses de
Métropole Litho Inc.